VOYAGE PITTORESQUE

EN FRANCE ET EN ALLEMAGNE,

RELATIF

A LA BIBLIOGRAPHIE ET AUX ANTIQUITÉS,

PAR LE REV. TH. FROGNALL DIBDIN. \\66

LETTRE TRENTIÈME

CONCERNANT

L'IMPRIMERIE ET LA LIBRAIRIE

DE PARIS,

TRADUITE DE L'ANGLAIS, AVEC DES NOTES,

PAR G. A. CRAPELET, IMPRIMEUR.

A PARIS,

DE L'IMPRIMERIE DE CRAPELET.

PRÉFACE.

La Lettre concernant l'Imprimerie et la Librairie de Paris, dont on va lire la traduction, est la Trentième de l'ouvrage intitulé : *A Bibliographical, antiquarian and picturesque Tour in France and Germany, by the Rev. Tho. Frognall Dibdin*. 1821, 3 *vol. gr. in-8°*, avec un grand nombre de gravures. M. Dibdin est ministre anglican à Kensington. Son goût, son enthousiasme pour les livres, qui n'ont rien d'incompatible avec ses fonctions, et qui peuvent le faire placer au rang des amateurs distingués, l'ont tout-à-fait entraîné dans les recherches et les écrits bibliographiques ; mais l'étude de la Bibliographie, qui demande beaucoup d'exactitude, d'application, de réflexion, est-elle en harmonie avec le genre d'esprit et le caractère de M. Dibdin ? C'est ce qui me paraît douteux ; doute sans conséquence toutefois, la Bibliographie n'étant pas de mon ressort.

Quoi qu'il en soit, cet auteur a publié plusieurs ouvrages de Bibliographie, au nombre desquels se trouvent : *Bibliomania ; or Book-Madness : a bibliographical Romance in six parts; illustrated with cuts*, 1811, *in-8°.* — *The bibliographical Decameron, or Ten Days ; pleasant discourses upon illuminated manuscripts*, etc., 1817, 3 vol. *in-8°.* La singularité de ces titres a été justifiée par le contenu des ouvrages; mais ce qui leur a surtout donné un grand crédit parmi les amateurs, c'est la profusion d'ornemens en tous genres, gravures, portraits, *fac-simile*, dont l'auteur a pris soin qu'ils fussent abondamment pourvus. Le dernier surtout, celui dont il est ici question, surpasse peut-être encore tous les autres par le nombre des ornemens et la richesse de leur exécution. Sous ce rapport cependant, cet ouvrage, qui est offert par l'Auteur « comme « un monument magnifique et durable des « progrès de l'art en Angleterre », pourrait donner prise à la critique, sans qu'elle fût trop sévère. Des défauts importans et nombreux se font remarquer, surtout dans les sujets qui ne sont pas copiés, mais choisis et traités par l'artiste. La Vue du *Boulevard des Italiens*, par exemple, d'après les groupes, les costumes et la tournure des personnages, nous semble avoir plus d'analogie avec un marché de Londres qu'avec le Boulevard de Paris. Différentes scènes populaires, représentées par l'artiste, qui a voulu égayer ses crayons, tombent dans la charge et la caricature ; souvent le dessin manque de correction, souvent le burin est sans force et sans couleur ; mais l'exécution des portraits est admirable, et fait le plus grand honneur aux artistes.

Il fallait être bien sûr du succès d'un pareil ouvrage, et avoir déjà éprouvé le goût des amateurs par de semblables amorces, pour l'exécuter avec autant de luxe ; car on assure que les frais se sont élevés à 6,000 liv. sterling (150,000 fr.). En France, celui qui oserait tenter une semblable entreprise serait ruiné, et elle enrichit son auteur en Angleterre ; car le succès de la vente n'a pas été un moment incertain. Il faut donc que les Anglais soient passionnés pour les curiosités que reproduit la gravure, ou qu'ils accordent un grand mérite à la partie littéraire et bibliographique des ouvrages de M. Dibdin.

Je n'ai point assez de connaissance en Bibliographie pour apprécier celles de l'auteur anglais. Je suis donc disposé à reconnaître que

les siennes sont très variées et très étendues;
mais j'ai souvent entendu dire à des personnes
doctes en cette science, que les citations, descriptions et propositions de M. Dibdin, dans
ses divers ouvrages, étaient souvent inexactes,
erronées et mal sonnantes; et il est facile de
le croire : les études bibliographiques, comme
je l'ai dit plus haut, exigent une patience et
un recueillement incompatibles avec la pétu-
lance et l'enthousiasme perpétuel de M. Dibdin.
Si la rapidité avec laquelle il a recueilli ses
observations (dans la Lettre sur l'Imprimerie
et la Librairie de Paris) lui font commettre
beaucoup de méprises sur des objets peu importans à la vérité, mais très connus, que ne
doit-on pas craindre lorsqu'il traite des sujets
plus importans, et dont la vérification est
presque impossible ? Aussi je ne pense pas que
le curieux ou l'amateur qui veut s'instruire, et
qui chercherait à s'éclairer sur un point quelconque de controverse bibliographique, puisse
jamais établir sa conviction d'après l'autorité
de M. Dibdin; ses ouvrages devront être placés
sur le bureau des renseignemens.

Je ne suis pas non plus assez versé dans la
langue et la littérature anglaises pour me per-

mettre de porter un jugement sur le style du Bibliographe anglais ; mais sa manière d'écrire me semble outre-passer le génie de la langue anglaise. Il vise singulièrement à l'effet, ne dit jamais rien simplement, et avec ce naturel qui est une des qualités du style dans toutes les langues de l'Europe. Il affecte souvent les tournures bizarres, les figures forcées, même quelquefois le néologisme. Les transitions surtout, auxquelles on permet une certaine négligence dans le style familier, semblent lui imposer une contrainte continuelle : aussi les brusque-t-il souvent d'une manière plaisante. Cependant M. Dibdin a sans contredit de l'esprit ; mais se laissant toujours dominer par cet esprit, n'usant point de ses dons avec discernement et modération, il ne peut pas encore posséder les qualités d'un bon écrivain ; et si, par une excessive liberté de tout dire sur les personnes comme sur les choses, il passe souvent les bornes des bienséances, et fausse la vérité dans ses récits ; s'il livre à la publicité de l'impression ce qui devait rester dans sa confidence, et abuse par là de ses relations, alors il se rend passible de la censure. Son dernier ouvrage, comme le *Décaméron*, a obtenu un grand succès en Angleterre ; il est composé dans le même esprit.

M. Dibdin, dans sa Préface, dit qu'il a de grandes obligations à beaucoup de personnes qui l'ont assisté dans ses recherches de la manière la plus aimable ; je laisse le lecteur juge de celle dont l'auteur a reconnu ces obligeans services. Il dit encore que ses Lettres ont été écrites pendant son voyage, mais que ses notes ont été faites après son retour. On jugera également si le voyageur devait se permettre d'imprimer tout ce qu'il pouvait écrire dans des Lettres confidentielles à un ami.

M. Dibdin, qui semble se mettre au-dessus de toutes les règles de convenances littéraires, n'a tenu aucun compte des observations particulières qui lui avaient été adressées par des Français, touchant le peu de mesure de ses personnalités dans les notes de son *Décaméron*. M. Renouard, dans le *Catalogue de la bibliothèque d'un amateur*, a fait sur cet ouvrage de M. Dibdin une critique aussi juste que modérée ; mais cette critique presque exclusivement littéraire ne relève point les incivilités de l'étranger, et sa modération semble avoir encouragé la licence du voyageur Anglais à l'égard des personnes dont il fait mention dans son nouvel ouvrage. Je suis cette fois au nombre de ces persounes, et je n'ai pas cru devoir, par mon silence[1], laisser supposer que j'acceptais les éloges dont me gratifie bénévolement l'auteur, quand je me sentais blessé par ses étranges indiscrétions. Il semble en effet que ce soit une tactique de sa part de distribuer des louanges, pour s'en faire un droit ensuite de dire, sans aucun ménagement, tout ce qui s'offre à sa pensée.

Ce sont là mes seuls griefs contre M. Dibdin. Je ne suppose aucune méchanceté dans ses intentions, comme il n'en peut supposer aucune dans les miennes en imprimant cette traduction. Mais il ne sait pas retenir son penchant à la malice et à la causticité, et sa légèreté surtout me paraît surprenante dans un homme qui exerce les fonctions du plus grave ministère. Comment accorder en effet la bonne opinion

---

[1] Les observations que je fais sur l'ouvrage de M. Dibdin pouvaient trouver place dans un livre que je projette, et qui doit être intitulé : *Considérations sur l'Art de l'Imprimerie dans ses rapports avec la Littérature et la Librairie* ; mais l'époque incertaine de sa publication et les motifs que j'expose, m'ont déterminé à imprimer séparément ces observations.

qu'il a lui-même du caractère des Français avec l'oubli si prompt de l'accueil désintéressé qu'il en a reçu? Voici cependant les expressions qu'il emprunte d'un écrivain Anglais [1] pour faire connaître sa gratitude : « *Gens, humanitate in exteros, benevolentiâ in eruditos, et facili in omnes comitate,* PRÆ ALIIS INSIGNIS. »

Si, dans ses publications ultérieures, M. Dibdin veut faire un meilleur usage de ses talens et de sa réflexion, il écartera sans doute de ses écrits toutes les particularités familières (*gossiping notes*). Il est assez riche de son propre fonds, sans aller puiser dans le sein des familles un aliment à la curiosité de ses lecteurs. Il deviendra plus instructif en négligeant des détails puérils et minutieux, et la *Bibliographie*, qu'il aime passionnément, s'enrichira de ses travaux et de son goût pour les arts. *Ars longa, vita brevis.*

[1] *Buckley;* Dédicace au D᷊ Mead, pour l'édition de l'ouvrage de De Thou, intitulé : *Historiarum sui temporis lib.* CXXXVIII, etc.

Lettre Trentieme

CONCERNANT

L'IMPRIMERIE ET LA LIBRAIRIE

DE PARIS.

COURTE NOTICE SUR FEU L'ABBÉ RIVE. — LIBRAIRES ,
IMPRIMEURS ET RELIEURS DE PARIS.

D'après la fin de ma dernière Lettre, vous attendez maintenant, sans doute, que je reprenne les livres pour sujet de mon *thème;* mais c'est principalement, parce qu'il se rattache aux bibliographes, aux libraires et aux imprimeurs qui, depuis quelques années, ont répandu une sorte de lustre sur la littérature parisienne. Je ne m'écarterai donc pas de mon sujet en commençant par vous faire part de quelques notions sur un bibliographe qui a été considéré pendant sa vie, comme la terreur de ceux qui le connaissaient, et comme l'orgueil de son maître. Il semble en effet que, soit chez lui, soit dehors, il ait toujours tenu un fouet dans une main , et un miroir de l'autre. Singulier rapprochement! direz-vous; mais il est question de l'abbé RIVE, ce redoutable *Ajax flagellant*

1

de la gent bibliographique, et en même temps l'être le plus suffisant du monde. Dans toutes les discussions de controverses bibliographiques qu'il aimait singulièrement à entretenir, il paraît avoir toujours possédé une source impérissable de consolation; il la puisait dans le souvenir de ses œuvres passées, et se voyait toujours réfléchi dans le miroir de son amour-propre.

Dans d'autres livres [*Bibliomania*, page 79. *Bibliographical Decameron*, vol. 1, page xxij], je me suis un peu étendu sur l'ouvrage sans doute le plus important qu'il ait conçu; maintenant je me hâte de vous donner quelques détails sur sa personne même.

Il était grand matin, bien avant que j'eusse commencé mon déjeuner, lorsque l'on m'annonça un étranger; et cet étranger, qui pensez-vous que ce fût? pas moins que le *neveu* de l'abbé Rive. Il se nomme *Morénas*. Sa tournure ressemblait assez à celle que Thomas More [édit. de 1808, tome I, pages 25, 26] donne au héros de son Utopie. Il était vigoureux, basané, d'un front sévère. Il avait exactement l'air d'un voyageur; mais ses manières et sa voix avaient quelque chose de doux et de conciliant. On lui avait rapporté que j'avais écrit sur l'abbé Rive, et que j'avais jugé favorablement ses ouvrages. Il me demanda si je voulais bien l'honorer d'une visite; que je pourrais voir dans sa demeure même (rue du Vieux-Colombier, près de

Saint-Sulpice), tous les manuscrits de l'abbé Rive, et ceux d'entre eux qu'il avait destinés à l'impression; qu'ils étaient à vendre, et que peut-être désirerais-je les posséder. Je remerciai l'étranger de sa proposition obligeante, et je lui promis d'aller le voir ce matin même.

M. Morénas a été effectivement un grand voyageur. Lorsque j'arrivai chez lui, je le trouvai, au deuxième étage, se disposant à un nouveau voyage au Sénégal. Il était entouré de grandes malles dans lesquelles reposaient les mânes littéraires de son oncle. En d'autres termes, ces restes consistaient en un amas considérable de cartes à jouer, bien empaquetées, sur lesquelles l'Abbé avait écrit toutes ses notes relatives à.... Ma foi, je sais à peine à quoi! mais le tout, à en croire son neveu, était une encyclopédie de connaissances.

Dans une malle se trouvaient environ *six mille* notices de manuscrits de tous les âges et d'éditions du xv⁰ siècle. Un autre coffre contenait peut-être *douze mille* descriptions de livres dans toutes les langues, excepté le français et l'italien, depuis le xvi⁰ siècle jusqu'à nos jours, et on les disait accompagnées de notes critiques. Un troisième coffre renfermait un paquet de papiers relatifs à l'*Histoire des Troubadours*. Dans un quatrième se trouvait une collection de notes et d'ébauches littéraires, concernant l'invention des Arts et des Sciences, les

Antiquités, les Dictionnaires, et des articles purement bibliographiques. Un cinquième coffre renfermait deux ou trois mille cartes écrites des deux côtés,
relatives à une collection d'estampes, et qui trai-
taient aussi du rang et des divers degrés de dignités
des nations. Onze cahiers in-folio de planches ont
été publiés en 1799, sans aucun texte; mais l'exécution en est telle, que l'Abbé aura dû être extrê-
mement mécontent du graveur. Dans un sixième
coffre étaient des manuscrits sur les tremblemens
de terre, les volcans, et sur divers sujets géographi-
ques. Vous voyez, d'après cette longue énumération,
que l'abbé Rive pouvait bien s'imaginer être un
homme presque universel. Il m'était impossible d'éva-
luer le nombre, encore moins le mérite d'une collection aussi nombreuse et aussi diversifiée. Je demandai à M. Morénas s'il était fixé sur le prix. Il
me répondit qu'il croyait pouvoir demander 6000 fr.
d'une telle masse de matériaux. Je lui dis que mes
moyens ne me permettaient pas d'aventurer une
somme aussi considérable, mais que tout ce qu'il
possédait là était digne de la considération des grandes puissances de son gouvernement. « J'ai peu d'espoir de succès de ce côté, répliqua-t-il; je voudrais
reprendre mes voyages, faire encore un tour au
Sénégal; car après une vie aussi active le repos
m'incommode. »

Trahit sua quemque voluptas!

Il y avait un portrait en miniature sur le cham-
branle de la cheminée ; c'était celui de son oncle, fait
d'après nature. C'était le seul qui existât. Je fus véritablement frappé des traits satiriques et animés de
cette physionomie qui exprimait le caractère particulier des talens de l'original. « Puis-je en obtenir
une copie ? — Oui, pourvu que ce soit dans l'espace
de vingt-quatre heures. » Je le promis ; j'emportai
le portrait chez moi, et le crayon de M. Lewis fut
aussitôt en action [1]. Vous jugerez par la copie du
mérite de l'original. Derrière le portrait étaient
écrits ces vers :

> Dès sa plus tendre enfance aux études livré,
> La soif de la science l'a toujours dévoré !
> Une immense lecture enrichit ses écrits,
> Et la critique sûre en augmente le prix. [2]

[1] M. Lewis est un jeune artiste de mérite qui a accom-
pagné M. Dibdin dans son voyage, et qui a fait les dessins
de tous les sujets gravés dans son ouvrage. Mais il ne faut
pas qu'il se laisse guider par l'enthousiasme de son patron,
qui ne cesse de le vanter comme le peintre le plus *étonnant*.
Les éloges outrés engourdissent les artistes, et sont aussi per-
nicieux que des critiques injustes. Nous avons failli perdre la
statue de Persée et Andromède que Pujet allait briser d'un
coup de marteau, après avoir entendu une critique de ce
genre. Les Anglais n'ont pas encore de semblables pertes à
craindre, mais ils peuvent, par trop d'éloges, arrêter l'élan de
leurs artistes.

[2] Comme la personne qui a écrit ces vers, quelque faibles
qu'ils soient de couleur et d'expression, savait sans doute qu'on
n'écrit pas quatre vers masculins de suite, et qu'un *e* muet

Ces vers sont tirés du *Journal des Savans* du mois d'octobre 1779.

Jean-Joseph Rive naquit à Apt, en 1730, et mourut à Marseille en 1791 (1792). Il avait sans contredit de grandes qualités naturelles et acquises : une vaste mémoire, un esprit pénétrant, et l'érudition immense que peut donner une lecture infinie. Il avait à peine quatorze ans que déjà il commençait à amasser ses trésors littéraires, et il poursuivit ses recherches jusqu'à sa dernière heure, avec une ardeur qui ne s'est jamais ralentie. Mais sa carrière fut mêlée d'amertume par des disputes et des débats continuels ; et quoiqu'il eût fait connaître, par des actes fréquens, toute la bonté de son caractère et de son cœur démontrée par sa conduite, il ne put parvenir cependant à diminuer l'âpreté, ni à tempérer l'acharnement d'une foule d'ennemis qui l'assaillirent jusqu'à son dernier soupir. Au contraire, nouveau Cadmus, il jetait des semences d'où renaissait une foule de combattans. Du reste, malgré les défauts de son caractère dans le monde, il passe pour avoir été, dans son intérieur, bon parent, ami

placé au milieu d'un vers (dans le mot *science*) doit toujours s'élider, je me crois permis de suspecter l'écrivain anglais, ou d'avoir oublié deux rimes féminines intermédiaires, ce qui n'est pas un grand péché ; ou de manquer d'exactitude, ce qui n'est pas permis à un bibliographe. J'ai cherché d'ailleurs ces quatre vers dans le *Journal des Savans*, et je n'en ai trouvé aucune trace.

chaud et excellent maître. La seule domestique qu'il
ait jamais eue, et qui a vécu vingt-quatre ans avec
lui, pleurait sa perte comme celle d'un père. Que
ses cendres reposent en paix !

La Bibliographie m'a conduit doucement et naturellement vers le bibliopolisme (commerce de livres). Je vais entrer dans quelques détails sur les
principaux libraires de cette riante capitale. Ce sont
eux qui, établissant leur commerce sur des livres
rares et curieux, imprimés quelquefois en lettres
gothiques de *Gourmont* et de *Marnef*, opposent une
digue au torrent des ignobles et dangereuses productions qui inondent les portiques du Palais-Royal.
Dans les temps reculés, le voisinage de la Sorbonne
était le grand marché des livres. Un jour que je
dînais dans ce quartier, avec mon ami, M. Gail,
professeur de langue grecque et latine au Collége de
France, je profitai de l'occasion pour examiner à
loisir ces parages si fameux autrefois. J'éprouvais un
sentiment d'orgueil et de bonheur en parcourant ces
rues, en foulant le sol qui avait porté autrefois Ulric
Gering, Crantz et Friburger [1]. [Voyez le *Bibliographical Decameron*, tome II, page 20.] Leurs

---

[1] Trois imprimeurs allemands que les docteurs de Sorbonne
avaient fait venir à Paris vers 1469, pour y faire les premiers
essais de l'imprimerie. C'est donc à la Sorbonne que l'on doit
le développement d'un art qu'elle-même ensuite prit tant de
peine à comprimer.

esprits me semblaient encore habiter ces lieux, et
cependant je n'ai pu découvrir un seul volume sorti
de leurs presses, pas même les traces d'un seul. Si
j'avais rencontré un exemplaire parfait du *Térence*,
imprimé avec leur premier caractère romain, la
trouvaille eût été assez précieuse pour me dédom-
mager de toutes mes fatigues passées, et me dé-
frayer du voyage au moins jusqu'à Strasbourg; mais
une aussi bonne fortune ne s'offrit pas à moi. Je
crois vraiment que j'ai battu en tous sens chaque
avenue, cour, passage, aussi-bien que les rues prin-
cipales, les yeux dirigés sur une infinité de volumes
entassés dans les boutiques ou au dehors, sans en
trouver un seul du moindre intérêt. Je m'en re-
tournai donc sans avoir délié ma bourse, et conséquemment sans un seul volume en poche.

Le principal emplacement des libraires qui tiennent les livres anciens et de hasard, est maintenant
près de la Seine, et spécialement quai des Augustins. Messieurs TREUTTEL ET WÜRTZ, PANCKOUCKE,
RENOUARD et BRUNET demeurent à deux cents toises
environ du quai des Augustins, et ne sont pas à plus
d'un quart de mille de distance les uns des autres.
Plus au midi, et non loin de l'hôtel Cluny, rue
Serpente, est la maison des célèbres DE BURE. Ce
sont sans contredit les premiers libraires de Paris
(sous le rapport de la connaissance des livres). A
l'égard de M. Panckoucke il est plus riche qu'in-

struit [1], et il est d'autant mieux à son aise, sous ce dernier point de vue, qu'il est le libraire de l'Institut. MM. De Bure sont libraires du Roi et de la Bibliothèque royale; et il n'y a peut-être pas de maison plus recommandable ni plus ancienne en Europe. MM. De Bure ont autant d'obligeance et d'exactitude dans leurs relations que de droiture et de connaissance dans l'appréciation et la vente des livres de leur fonds. Aucun libraire à Paris ne possède un fonds mieux entendu, et ne pourrait offrir autant de livres rares et curieux. Un jeune amateur peut s'adresser à eux en toute confiance, et pour une centaine de louis, il se formera une jolie collection d'éditions *princeps*, ou des plus rares. Je ne dis pas que ce jeune amateur trouvera là ces éditions à meilleur marché que dans Pall-Mall; mais ce que je puis assurer, c'est que MM. De Bure ne lui vendront jamais, sciemment, un livre imparfait. Je m'efforçai de leur faire quelque réparation à l'égard

[1] M. Dibdin, par la manière dont il a construit sa phrase, n'a pas voulu qu'on se méprît sur son intention de faire une bien innocente épigramme contre l'Institut; et encore, pour y parvenir, se trouve-t-il obligé de porter un jugement sur les connaissances du libraire Panckoucke qui, bien certainement sur cet article, n'aura pas mis M. Dibdin dans sa confidence. D'ailleurs M. Panckoucke n'est pas libraire de l'Institut. Le bibliographe anglais, quoique ministre de la religion, est assez enclin à la causticité, mais s'il n'en faisait pas d'ordinaire un plus piquant usage, il n'aurait rien à se reprocher.

d'un ou deux paragraphes de mon *Décameron*, qui
furent considérés comme trop piquans, par une
acquisition de près de cinq mille francs de livres,
dont quelques-uns rares et de grand prix. [1]

[1] Il est difficile de trouver dans les ouvrages de M Dibdin,
un exemple plus remarquable de la légèreté et de l'inconsé-
quence de son esprit. On ne peut rien supposer de plus dans
cette phrase. L'auteur vient, dans l'instant même, de faire
les éloges les mieux fondés du caractère et de la droiture de
MM. De Bure, et presque aussitôt il prétend qu'un achat de
livres suffit pour réparer ses torts envers eux. Singulière réparation ! qui peut passer, en ménageant bien les termes, pour
une grave impolitesse. Au reste, il arrive fréquemment à l'auteur de faire cette *faute de français*, aussi bien dans sa conversation que dans ses écrits. Qu'il me soit permis d'en citer
l'exemple suivant, parce qu'il me semble caractéristique de
l'esprit anglais.

Un jour que M. Dibdin m'entretenait des gravures dont il
devait orner son Voyage, et des riches dessins qu'il avait déjà
recueillis par les soins et le *suprême*, *l'incomparable* talent de
M. Lewis, il jeta les yeux sur un portrait de madame Crapelet,
peint par M. Robert-Lefèvre, et dont il admirait assez *froi-
dement* la belle exécution. « Si vous le permettiez, madame, je
ferais dessiner et graver ce portrait, que je placerais dans mon
ouvrage comme un nouvel ornement. » Cette galanterie est d'abord
reçue gracieusement de ma part comme une *politesse* presque
obligée envers le modèle d'un portrait de femme. Mais l'inser-
tion dans le livre est prise pour une plaisanterie. M. Dibdin,
qui ne plaisante pas en fait de portraits et de dessins, indique
les moyens d'une prompte et superbe exécution, insiste pour
que la proposition soit acceptée; et, sur notre refus motivé, il
ajoute : « Mais, monsieur, si c'est la dépense qui vous arrête,
je ferai tout exécuter à mes frais. » — « Comment, monsieur !....
croyez que s'il me prenait fantaisie d'avoir le portrait de ma

Les De Bure sont deux frères; l'aîné connaît probablement mieux les livres que le jeune; mais celui-
ci [1] a formé par goût une collection précieuse de
portraits, parmi lesquels il s'en trouve beaucoup
qui sont relatifs à notre histoire ; la majeure partie
cependant concerne l'Histoire de France ; et je crois
que M. De Bure le jeune m'a fait voir presque autant
de portraits de Louis xiv, qu'il existe d'éditions des
divers ouvrages de Cicéron dans le xve siècle. Mais
mon attention se dirigea particulièrement vers un
certain boudoir, au premier étage, dans lequel
madame De Bure, leur vénérable et excellente mère,
s'est plu à réunir un choix particulier d'ouvrages dans
presque tous les genres de connaissances. Une *seule*
des meilleures éditions dans chaque genre y est ad-
mise; et soit que vous vouliez la *Bible* ou l'*Histoire*

femme gravé et bien gravé, je n'aurais pas recours à la bourse
ni au burin d'un Anglais. »

Certes, on ne s'aviserait pas en France de faire une semblable
proposition, encore moins de la soutenir par un désintéressement aussi déplacé. M. Dibdin, qui rapporte toutes ses conversations dans son livre, n'y a pas fait entrer celle-là, qui est
pourtant de toute exactitude.

[1] M. Dibdin confond les deux frères, et attribue au jeune
ce qui appartient à l'aîné : je veux dire la collection de portraits, qui est une des plus complètes qui existent. Quant à la
connaissance des livres, je ne pense pas que la différence
d'âge puisse apporter de distinction entre eux sous ce rapport.
Au reste, M. Dibdin s'enfonce trop avant dans les détails pour
qu'il n'y ait pas souvent confusion dans leur exposé.

des Flibustiers [1], un poète lyrique du siècle de Louis XIV, ou une ballade de celui de François 1er, vous les y trouverez.... reliés par Pasdeloup, Desceuil ou Derome. Parmi ces *exemplaires de choix*, que pensez-vous du *Romancero generale* [2] imprimé en caractères gothiques, à deux colonnes *in-folio?* C'en est assez pour rendre fou le reste de ses jours, même notre poète lauréat. J'ajouterai que ces livres ne sont pas si soigneusement conservés seulement pour le plaisir de les montrer ; car leur propriétaire possède plusieurs langues, et lit facilement l'espagnol. Puisse-t-elle le lire encore long-temps !

Je dois aussi faire remarquer que M. Van Praët est lié de l'amitié la plus intime avec cette respectable maison. En effet, M. Van Praët jouit de l'influence la plus étendue sur tout ce qui concerne la Bibliothéque royale. Je ne puis passer sous silence le zèle affectionné et l'invincible persévérance avec laquelle ces libraires de Sa Majesté poursuivent la recherche de tout ce qui peut contribuer à l'enri-

---

[1] L'écrivain qui s'amuserait à faire un semblable rapprochement de la *Bible* et de l'*Histoire des Flibustiers* (car celui-ci n'existe que dans l'esprit de l'auteur anglais), paraîtrait peu se conformer aux bienséances; mais lorsque cet auteur est revêtu d'un caractère religieux, on peut croire, sans être taxé de pruderie, qu'il est moins excusable.

[2] Ce n'est pas un *Romancero*, mais un *Cancionero* imprimé à Tolède en 1527, pour Ramon de Petras; exemplaire d'une rare conservation.

chissement de la Bibliothéque royale. Leur maison
a maintenant près de soixante-dix ans d'existence,
également renommée et considérée dans toutes les
parties du continent. Seulement cette librairie est, à
mon sens, entachée d'une *hérésie;* hérésie dominante chez presque tous ceux qui font partie de la
confrérie bibliopolique à Paris. MM. De Bure ne
veulent point publier de *catalogue* de leurs trésors :
en sorte que vous aurez beau vous tourmenter,
vous ne connaîtrez jamais ce qu'ils possèdent. Ce
sont eux qui ont fait la vente à l'enchère de la bibliothèque Mac-Carthy, et j'ai vu sur des tablettes de
leur magasin quelques restes invendus de cette magnifique collection de livres sur VÉLIN. J'en ai même
acheté quelques échantillons curieux. Comme leurs
principaux confrères du voisinage, MM. De Bure
ont une maison de campagne, et y vont passer le
dimanche. '

La maison TREUTTEL et WÜRTZ est une des plus
riches et des plus considérables en Europe. Ils font
surtout le commerce en gros avec l'étranger, et sont
éditeurs et propriétaires de presque tous les grands
ouvrages classiques qui se publient à Strasbourg.

' Ce sont là des détails bien intéressans pour les lecteurs !
Je suis étonné que M. Dibdin ne nous ait pas donné l'inven-
taire du mobilier de chaque maison. Qui sait s'il n'aurait pas eu
la bonne fortune d'y rencontrer quelques antiquités dignes de
fixer son attention, et de figurer dans son grand ouvrage?

C'est dans cette ville, en effet, que leur maison a pris sa première racine ; mais c'est à Paris et à Londres que se sont développées avec une grande vigueur les branches de leur prospérité. Ils possèdent, *rue de Bourbon*, n° 17, une belle maison, qui peut passer pour un hôtel. Là, chaque jour, le courrier leur apporte des dépêches des premières cités de l'Europe. Les affaires y sont expédiées avec soin, politesse et célérité, et les manières de ces messieurs sont à la fois franches et affectueuses. Je devais leur faire grand plaisir de passer un dimanche avec eux à leur campagne de Groley, située près du village et de la vallée de Montmorency. J'acceptai volontiers. Le dimanche suivant, la grande voiture de famille, attelée d'une paire de chevaux noirs, luisans, ronds et gras, vint me prendre au logis à dix heures, et en une heure trois quarts je fus transporté à Groley. Les cerises étaient mûres et les arbres chargés de fruits ; car, vous l'avez sans doute entendu dire, l'excellence 'des cerises de Montmorency a passé en proverbe. Je passai une journée charmante avec mes hôtes. La maison est vaste et dans une situation délicieuse ; et la vue de Paris, que l'on découvre, est des plus pittoresques ; mais je fus encore plus charmé de la compagnie et de la conversation de madame Treuttel. C'est, dans toute l'étendue du terme, une excellente femme. Elle a fondé dans le village, à ses propres frais, un hospice pour douze pauvres

hommes, et a élevé une école publique pour l'instruction élémentaire d'enfans des deux sexes. Elle est pro-
testante-luthérienne, de même que son mari et son
gendre, M. Würtz. D'abord elle éprouva quelques
oppositions à l'établissement de l'école. Il y eut plusieurs conférences tenues avec le curé du village, et
quelques membres importans du clergé de Paris. Enfin, toutes difficultés furent aplanies par la promesse
que fit madame Treuttel de ne faire servir à l'ensei-
gnement que la traduction française de la *Bible*, par
de Sacy. Alors ont construisit l'école, et les enfans
y affluèrent. J'ai visité l'hospice et l'école, et je n'ai
pu retenir mon tribut d'admiration pour l'esprit de
religion et la générosité qui animent la fondatrice de
semblables établissemens. Il y a plus de bon sens et
de vertu publique et privée dans cette manière d'employer le superflu des richesses que dans l'érection
de cent palais comme Versailles ! [1]

[1] Les établissemens de madame Treuttel sont infiniment res-
pectables, et font le plus grand honneur à son humanité et à
ses vues charitables. Ils sont d'autant plus louables, qu'ils ont
été révélés, à son insu sans doute, par le voyageur anglais
dont l'exclamation est bien surannée. Ce n'est pas la première
fois qu'à propos des palais des princes, on a émis une pareille sentence, peut-être même sans y avoir apporté la moindre réflexion. Rien n'est plus facile ni plus commun que d'af-
ficher, au moyen d'une exclamation, des sentimens philan-
thropiques. A cet égard les Anglais ne manquent jamais de
faire parade de leur amour de la charité, de leurs institutions
nombreuses en faveur des pauvres; comme s'il ne serait pas

Un objet d'une autre nature, et plus touchant,
s'offrit à mes regards dans le jardin. En me prome-
nant avec Madame, nous arrivâmes, après une infinité de détours, dans un lieu retiré et planté de bois.
Là, ouvrant une petite porte, je me trouvai dans
un carré de peu d'étendue, entre des petites émi-
nences qui ressemblaient à des tombeaux. Un banc
était placé à l'extrémité. C'était un lieu de repos
pour l'être vivant ; c'était la demeure de celui qui
n'est plus. Des fleurs, à ce moment presque toutes
flétries, couvraient ces petits tertres sous lesquels un
mort semblait dormir en paix. Que signifie ceci ?——
« Monsieur, répliqua madame Treuttel, c'est la
terre consacrée. Mon gendre y repose, et à côté de

---

plus glorieux pour eux et plus utile à l'humanité de trouver les
moyens d'en diminuer le nombre que d'en favoriser l'accroissement. Mais voyez comme l'exagération nuit à l'expression du
sentiment du révérend M. Dibdin ! Il ne se contente pas de
faire son application à un seul palais, mais à cent. Je n'entrerai
pas dans l'examen des désavantages ou des avantages que peut
avoir procurés à la France la création du palais, des jardins,
des statues, des bronzes, des canaux de Versailles. Certainement il n'y aurait pas dé *bon sens* à ériger cent palais semblables, et une aumône de deux louis serait plus honorable ; mais
pendant que Louis xiv bâtissait Versailles, il fondait des
hôpitaux, des manufactures, élevait les Invalides, l'Observa-
toire, joignait l'Océan à la Méditerranée par le canal de Lan-
guedoc, construisait des arsenaux à Toulon, Brest, Rochefort,
Dunkerque ; et ce sont là les cent autres palais qu'il a créés :
tandis que l'Angleterre loge ses rois dans un bâtiment informe
de briques, restes d'un ancien hôpital.

lui son enfant unique et bien aimé. Vous verrez à dîner ma fille, son épouse. Toutes deux nous venons visiter ces lieux à certaines époques ; nous y venons renouveler nos chagrins, et les entretenir par le souvenir de ceux qui reposent sous cette terre. Ce sont là des pertes que rien au monde ne peut réparer. Nous souhaitons tous d'être enterrés dans ce même petit enclos. Je me suis assurée de sa possession pour cinquante années, à l'expiration desquelles le travail de la dissolution sera suffisamment achevé pour tous. » Ainsi parla mon aimable et sage guide. Nous fîmes ensuite une petite promenade à Montmorency pour visiter les jardins et la maison où Rousseau écrivit son *Émile*. Le reste de la journée fut employé d'une manière aussi variée que convenable, parfaitement en rapport avec mes propres sentimens, et surtout avec un état de malaise et de langueur où je me trouvais alors. C'était l'effet des chaleurs que j'endurais à Paris depuis un mois, sans que le plus léger souffle se fît à peine sentir.

Antoine - Augustin RENOUARD, qui demeure rue Saint-André-des-Arcs, est le libraire dont je vais maintenant vous entretenir. C'est un des aigles de la confrérie. Il possède une grande connaissance des livres, et une délicieuse bibliothéque Aldine, au moyen de laquelle il a composé ses *Annales de l'Imprimerie des Alde*. Il a une grande masse d'affaires et les conduit avec succès. Il peut passer pour riche,

2

non parce qu'il a dans sa cave cinq cents bouteilles
de Bourgogne [1], dont le nombre peut paraître à
certains amateurs beaucoup plus piquant que la
même quantité d'Aldines, mais parce qu'il a publié
à grands frais nombre de belles éditions de classiques latins et français, qui sont des preuves de son
mérite, et lui ont acquis d'honorables bénéfices. Il
débuta par une belle édition *in-folio* de Lucain,
en 1795, et le premier catalogue de ses livres parut
l'année suivante. Depuis cette époque jusqu'à ce
jour, il n'a jamais laissé reposer sa tête, ses mains
ou ses pieds, et toujours il a suivi ses affaires. La
publication de ses *Annales de l'Imprimerie des
Alde* le met au rang des bibliographes de l'Europe
les plus habiles et les plus profitables à l'instruction.
C'est vraiment un ouvrage de maître, et aussi utile
qu'élégamment imprimé. M. Renouard s'occupe
maintenant d'une édition améliorée des *OEuvres
complètes de Voltaire*, qui sera ornée de gravures

---

[1] Je n'ai pas besoin de faire remarquer à des lecteurs français combien une pareille observation est ridicule. C'est un
exemple assez frappant, entre mille qui abondent dans l'ouvrage de M. Dibdin, de l'abus des détails et d'une intempérance de plume qui ne sait rien retenir. Pope, comme Boileau, condamne les écrivains en tout genre qui méconnaissent
le point que le bon goût et les convenances ne permettent pas
de dépasser.

> Tout ce qu'on dit de trop est fade et rebutant,
> L'esprit rassasié le rejette à l'instant.
> Qui ne sait se borner ne sut jamais écrire.

dont il m'a montré les dessins originaux et quelques planches gravées. Il paraît avoir beaucoup de
confiance dans le succès de cette entreprise, et fonde
son espoir sur l'appui d'un grand nombre de sou-
scripteurs empressés à le seconder. Une édition
rivale, qui s'annonce aujourd'hui même, ne peut
lui causer la moindre incertitude sur le succès de la
sienne [1]. Ce libraire à grandes entreprises s'occupe

[1] Voltaire écrivait à M. d'Argenson, en 1740, qu'il lui était
pénible de ne pouvoir faire imprimer ses ouvrages dans son
pays, et peut-être, ajoute-t-il, *extinctus amabitur idem*. Il ne
pouvait pas rencontrer plus juste. *Huit* éditions de ses œuvres,
les plus volumineuses de notre littérature, s'impriment, ou ont
été imprimées depuis quatre ans. Cependant M. Renouard, que
sa vaste connaissance des livres et son érudition servent si utile-
ment pour l'édition qu'il publie en soixante volumes, ne peut en
effet avoir aucune inquiétude sur son succès. Elle est maintenant arrivée à plus des deux tiers de son exécution. Malgré les
sept autres éditions, je ne fais nul doute que celle en soixante
volumes ne soit toujours la plus recherchée de toutes celles
qui s'impriment maintenant. Il faut connaître tout ce qui a été
employé, pour cette édition, de temps, de soins en tout genre,
de recherches, de documens, pour se faire une idée de toutes
les améliorations qu'elle a reçues. Depuis près de quatre années
M. Renouard emploie à la fabrication de ce livre et à ces améliorations littéraires, cette activité incessante dont M. Dibdin
vient de faire une si singulière mention. Mon ami, M. Clogen-
son, juge et bibliothécaire de la ville d'Alençon, coopère aussi
à ce grand travail. Ce sont de pareils *travailleurs*, animés d'un
zèle fervent pour les lettres, et de ce désintéressement qui les
caractérise, que l'on est heureux de rencontrer pour seconder
de semblables entreprises; car tous les ouvrages de notre litté-

maintenant avec ardeur d'un *Catalogue descriptif de sa bibliothéque*, dans lequel il se propose de répandre beaucoup de notes particulières [1], des remarques critiques et des anecdotes piquantes. Je juge par là favorablement de cet ouvrage; mais je me détourne un peu pour laisser tomber le *coup de patte* dirigé contre mon Décaméron.

Nota. Tout ce qui se trouve entre deux crochets dans cette traduction forme les notes du texte anglais.

[L'année suivante, le Catalogue dont il est ici question fit son apparition sous le titre de *Catalogue de la Bibliothèque d'un Amateur*, en quatre volumes *in-8°*, assez minces, et imprimés par Crapelet, qui trouve impossible d'imprimer.... *mal.* Je suis très satisfait de la publication d'un semblable catalogue; et j'espère que ce sera aussi pour d'autres libraires qui possèdent de grandes richesses littéraires, un encouragement et un modèle pour en publier de semblables. Mais je pense que M. Renouard aurait pu faire en-

rature qui se réimpriment *uniquement* par esprit de spéculation ou par tout autre esprit, doivent être tôt ou tard dédaignés des amateurs et tomber dans l'oubli; ce qui n'offre rien d'avantageux à leurs acquéreurs.

[1] Il y a dans le texte *gossiping notes*, qui pourrait se traduire par des *jaseries*, mais qui signifie littéralement *caquetage de commères*. Ce n'est certainement pas ce que M. Renouard a voulu faire; et dans son Catalogue, que j'ai lu en entier, on ne trouvera aucune *gossiping note*. En dirons-nous autant de la *Bibliomania*, du *Bibliographical Decameron*, et des trois nouveaux volumes dont cette Lettre fait partie?

trer en deux volumes ce qu'il y a d'essentiel dans les
détails bibliographiques; car la lecture d'un pareil
ouvrage se fait nécessairement en sautant rapide-
ment d'un feuillet à un autre pour arriver aux articles importans, et négliger ceux d'un moindre intérêt. Je veux parler spécialement de l'article des
livres modernes français, dans la description desquels l'auteur semble se complaire et s'étendre à
plaisir [1]. (Voyez entre autres exemples, tome III,
pages 286 à 310). Mais nous sommes forcés de nous
plaindre d'une énumération aussi délayée, surtout
en ce qui concerne les gravures, ornemens des livres décrits; car ces gravures n'ont pas aux yeux
difficiles des Anglais la beauté ni le mérite que leur
attribuent les Français. Au reste, M. Renouard raconte d'une manière piquante et écrit bien.

A l'égard du *coup de patte* sur le Décaméron dont
je parle plus haut, j'ai reconnu avec plaisir et sur-
prise qu'il était ajusté d'une autre manière, et je
rends justice au ton modéré de critique avec lequel
il est adressé. J'en ferai trophée, comme le chas-
seur qui met à son chapeau la *queue* d'un renard [2].

---

[1] Cette description est celle des éditions de la plupart des
écrivains français dont s'honore la France : Montaigne, Pascal,
La Fontaine, Voltaire, Rousseau, Diderot, Helvétius, Mar-
montel, etc., etc.; nomenclature aussi riche qu'imposante, et
qui n'a son équivalent dans la littérature d'aucun autre peuple.

[2] M. Dibdin, nourri de la lecture de Shakespeare, son auteur *favori*, fait un usage fréquent, et trop fréquent peut-être,
du style figuré. Il fait ici allusion à la coutume des chasseurs

Était-il originairement plus frappant? soit : dans le premier cas, j'aurais facilement paré l'attaque et riposté par une botte pressante ; et dans le second, j'accorde aisément que mon ouvrage peut prêter à une semblable critique. Elle est à tous égards délicate et juste ; et la justice emporte nécessairement le blâme des défauts, comme elle fait l'éloge de ce qui est bon. Je crois devoir remarquer cependant que le tome III du Décaméron ne peut être raisonnablement justiciable du tribunal de la critique française, parce que son contenu roule presque totalement sur un objet national, et que ce tribunal pourrait, à cet égard, n'être pas impartial. Je pardonnerai à M. Renouard ce qu'il dit avec une sorte de ménagement et d'adresse, concernant l'*exemplaire* VÉLIN de l'édition Aldine des *Lettres familières* de Cicéron de 1502 (Voyez tome II, page 86) : « Ne pouvant me procurer le nécessaire, je me suis donné le superflu ; n'ayant encore pu rencontrer cette édition sur papier, j'ai saisi l'occasion qui m'en a présenté un exemplaire sur VÉLIN. » Mais comme article de VÉLIN, ce n'est presque qu'un livre de troisième ordre. On peut voir dans les listes qui se trouvent à la fin du quatrième volume de son catalogue, que M. Renouard possède 230 articles d'éditions du xv⁰ siècle, et environ 170 sur VÉLIN. Dans la première série, il peut y avoir deux douzaines de livres

anglais qui attachent à leur chapeau, en signe de victoire, la queue du renard qu'ils ont tué. L'auteur joue sur le mot *brush* pris dans deux acceptions différentes, intraduisibles en français.

du premier choix. Dans la seconde, plus des sept huitièmes sont de productions modernes ; et la vente de la bibliothèque des vélins de Junot a malheureusement fait voir que la valeur pécuniaire que l'on y attache en Angleterre est bien bornée, malgré les palmes que M. Renouard a décernées avec adresse à MM. Didot, Crapelet, Causse et Bodoni ; malgré les remarques qu'il fait dans la même page, sur le goût *barbare* des Anglais, à l'égard de ces productions. Page 8 de sa préface, l'auteur demande de l'indulgence pour son livre avec une certaine apparence de candeur et de défiance ; mais s'il baisse ici le ton, parfois il l'élève beaucoup dans le corps de son ouvrage.]

M. Renouard m'a accordé le libre accès de sa bibliothèque Aldine, dans laquelle se trouvent aussi les plus beaux exemplaires d'éditions du xvᵉ siècle. Son *Valdarfer* sur VÉLIN est au nombre de ces derniers, et il le considère, aussi-bien que ses amis, comme le bijou (κιμήλιον) de sa collection. C'est l'édition des *Oraisons de Cicéron*, imprimée par Valdarfer à Venise, en 1471, *in-folio*. Livre admirable, qui peut être regardé comme le type de la perfection. Il est dans sa seconde reliure, mais qui remonte au temps de François 1ᵉʳ, peut-être vers le milieu du seizième siècle. Cet exemplaire a treize pouces de hauteur sur huit pouces sept huitièmes de largeur, c'est-à-dire, presque toute sa grandeur primitive, quoique l'œil minutieux de l'observateur découvre que d'anciennes signatures manuscrites ont été rognées. J'avouerai franchement que j'ai tourné et retourné tous les feuillets de ce livre précieux, *soupirant et convoitant*, etc. Eh bien! n'avez-vous fait aucune proposition séduisante pour l'enlever à son possesseur?—Il n'y avait pas moyen. « Je le conserve, dit-il, comme le bijou de mon catalogue, et il ne quittera pas cette place. » Arrêt sévère, mais juste! On n'en connaît qu'un seul autre exemplaire sur vélin, qui se trouve à la Bibliothéque royale; encore y manque-t-il un feuillet de la table, imperfection qui ne se rencontre pas dans l'exemplaire de M. Renouard.

Les autres *pièces de gros calibre* en livres sur VÉLIN de la bibliothéque de M. Renouard, sont les *Lettres familières* de Cicéron, imprimées par Alde en 1502, *in*-12; le *Pétrarque* de 1514, *in*-8°, du même. Le dernier est bien préférable; il est aussi grand qu'il puisse être, mais mal relié en maroquin rouge. Le *Cicéron* est d'une petite dimension et un peu jaune. Ce fut à l'occasion de ce *Cicéron* et du *Virgile* d'Alde, 1505, recueillis par son second fils, dans son premier voyage bibliographique, que M. Renouard fit parler sa muse en quelques vers qui sont imprimés et qu'il m'a donnés [1]. Ce sont ces petites plaisanteries qui

---

[1] En toutes choses il faut attribuer à chacun ce qui lui est

entretiennent le goût de nos recherches favorites ,
et qui peut-être un jour feront que le fils surpassera
le père en renommée bibliographique. Peut-être, à
ce sujet , le père a-t-il déjà proféré quelque prière ,
comme celle-ci :

Ζεῦ, ἄλλοι τε θεοί, δότε δη καί τονδε γινεσθαι
Παῖδ' ἐμὸν, ὡς καί ἐγώ περ , ...

Il se trouve encore dans cette collection quelques
ouvrages remarquables des presses de Sweynhem
et Pannartz, et un exemplaire du premier *Lucien ,*
en grec, le plus beau peut-être qui existe. Il fut acquis dans une vente récente (alors mal recouvert en
vélin) à un prix un peu vif, et depuis il a été habillé
en maroquin bleu. M. Renouard possède également
de beaux exemplaires provenans de la bibliothéque
de De Thou, un *Théophraste* d'Alde , 1497, à la
reliure de Henri II et Diane de Poitiers , et aussi

dû , et encore une fois l'exactitude est obligatoire chez un bibliographe, même dans les plus petites particularités. Ces vers
qui, sur la petite feuille imprimée, sont signés J. B. P., ne
sont pas de M. Renouard père, mais d'un de ses parens, qui,
apprenant la nouvelle de cette conquête bibliographique,
voulut en faire compliment à son neveu, et laissa échapper ce
petit quatrain :

> Je l'ai vu ce fameux bouquin
> Qui te fait un titre de gloire :
> Tout Français qui passe le Rhin
> Doit remporter une victoire.

un exemplaire complétement intact et non rogné de la première édition d'*Aristote* d'Alde. Peu de personnes probablement ont eu autant de bonheur à se procurer leurs articles de choix, et les petites anecdotes que M. Renouard m'a racontées à ce sujet sont assez curieuses pour qu'il les place dans le *Catalogue raisonné* qu'il projette de publier. Il s'occupe avec ardeur dans ce moment de la recherche d'*Elzevirs non rognés*. Un matin, en se rendant chez moi pour déjeuner, il venait de recueillir un exemplaire charmant de cette espèce en deux petits volumes, demi-reliure propre, dont j'ai oublié le titre, et à la poursuite duquel il était attaché depuis quelque temps. M. Renouard me dit aussi que, chemin faisant, il avait vendu ou placé, juste 999 exemplaires d'un ouvrage qu'il allait faire paraître. En sorte qu'après une aussi bonne trouvaille, et un tel *placement*, il put déjeuner de bon cœur. C'est un homme vif, doué d'une grande sagacité, d'une activité de corps et d'esprit incessante, toujours plongé dans les affaires, conduisant une correspondance des plus étendues, et personnellement connu des amateurs les plus distingués d'Italie, au premier rang desquels se trouvent Trivulzio, Melzi, et Reina (à Milan).

Comme ses voisins, M. Renouard a une maison de campagne, ou plutôt une ferme, en Picardie, où

il va par occasion faire la vendange [1], et surveiller
ses récoltes, peut-être même pour observer le degré
de force et les conditions requises dans cette espèce
d'animaux dont les flancs fournissaient à son bien-
aimé Alde l'ancien, ce *matériel* qui constituait son
fonds de livres de peaux. Mais soit à Paris, soit en
Picardie, il est grand temps de souhaiter le bonjour [2] à M. Renouard, et de nous entretenir de son
voisin.

M. BRUNET FILS. Ce bibliographe distingué, plutôt que libraire, demeure rue Gît-le-Cœur, à peu
de distance de M. Renouard. Il reste avec son père
qui surveille les affaires intérieures du magasin. La
rue Gît-le-Cœur est une vilaine rue, très petite, que

---

[1] Pope a bien célébré les grappes des vignes de Windsor,
gonflées par des flots de vin,

.... *Grateful clusters swell with floods of wine.*

AUTUMN, v. 74.

il est donc permis à M. Dibdin de faire faire des vendanges
en Picardie, où au moins le raisin mûrit aux treilles dans les
années chaudes et favorables.

[2] Les personnes qui, dans leur correspondance, se tour-
mentent un peu de la difficulté des transitions, trouveront fort
commode le moyen nouveau, et imaginé sans doute par le
ministre anglais pour la surmonter. On souhaite le *bonjour* à
la compagnie, et tout est dit. Ce n'est pas sans doute dans
Chesterfield, *lady Montague* ou même *lady Morgan*, que
M. Dibdin a trouvé des exemples de pareille *familiarité*. En
français cette expression ne passerait pas pour être de style
familier, mais *trivial*, et si à peine on osait l'écrire, on se gar-
derait bien du moins de l'imprimer.

l'on aurait écourtée, comme qui dirait un exemplaire trop rogné. C'est là néanmoins que demeure M. Jacques-Charles Brunet fils, écrivain qui vivra dans le monde bibliographique jusqu'au temps le plus reculé. On lui aura autant d'obligation qu'il a de mérite ; car son *Manuel du Libraire* est un ouvrage d'une utilité incomparable pour toutes les classes de lecteurs et d'amateurs. Vous montez au premier ; l'escalier est obscur, et semble conduire à une cellule du monastère de la Trappe. Alors vous lisez une inscription qui vous apprend « qu'en tournant le bouton, vous tirez la sonnette » [1]. Elle sonne, et M. Brunet père, avec ou sans bonnet de soie sur la tête [2], vient vous recevoir. Il se tient dans une petite pièce assez bien garnie de livres. « Monsieur votre fils est-il ici ? » — « Ouvrez cette porte, monsieur, vous le trouverez dans la chambre voisine. » La porte s'ouvre, et le fils est là, entouré, et presque emprisonné par ses livres et par ses papiers. Il a sa plume dans la main, des lunettes sur le nez, et est incessamment occupé à transcrire ou à confectionner un précieux petit morceau d'élucidation bibliographique ; puis levant les yeux, il vous reçoit, paraissant encore tout agité du dieu de la composition. En

[1] Autant vaudrait copier le petit Chaperon rouge : *tirez la bobinette, la chevillette cherra.*

[2] Ne semble-t-il pas entendre l'un de ces conteurs qui égayent le public sur nos boulevards, par la description burlesque des personnages qu'ils mettent en scène ?

effet, il est pleinement engagé à ce moment dans
le travail actif d'une troisième réimpression de son
Manuel. Les tablettes de son cabinet gémissent sous
le poids de tous ces écrivains dans lesquels il puise
quelque portion de matériaux. « Vous voilà, M. Brunet, bien occupé! » — « Oui, monsieur, cela me fait
autant de plaisir que de peine. »

Cette réponse peint bien l'homme ; « le travail
nous récrée dans nos souffrances physiques, » disait
autrefois lady Macbeth ; et il faut que le travail de
M. Brunet soit d'une nature bien extraordinaire,
puisque la satisfaction qu'il éprouve à l'avancer
est la compensation de ses peines. Il pense que
l'impression de son *Manuel* sera terminée vers la fin
de l'année prochaine. Mais point d'*appendix* ? Je
crus apercevoir que cette observation le contrariait.
« Non, monsieur (répliqua M. Brunet fils), il n'y
aura pas d'appendix. Mais ceci ne doit pas vous tourmenter ; vous n'en aurez pas plus à dépenser pour
cela. » — Je souris légèrement ; mais je repris
vivement : « Quand il en serait autrement, je vous
le dis avec franchise, je ne m'en tourmenterais pas
davantage ; mais vous aurez contre vous les *critiques*
et les *vilains* [1]. » — « Je ne m'en inquiète guère ; mon

[1] M. Dibdin entend par là sans doute que les *critiques* blâ-
meront l'auteur du *Manuel* sur ce qui manque dans son ouvrage, et que les *vilains* s'en plaindront aussi, parce que,
pour être au complet, ils seront dans la nécessité de faire la

plan est arrêté ; je suis résolu à n'en point changer. »
Certainement si c'est une vertu que d'être ferme
dans une décision, M. Brunet fils est le plus ver-
tueux de sa confrérie. A notre première entrevue
nous avons causé beaucoup et sur des sujets variés.
Précédemment nous avions eu ensemble un commerce de lettres obligeantes. Elles m'avaient pro-
curé l'avantage de recevoir, comme présent de l'auteur, un exemplaire de la seconde édition de son
Manuel en *grand papier*, dont il n'a été tiré que
vingt exemplaires. Je lui dis que j'avais donné carte
blanche à M. Lewis pour sa reliure, et que pour le
mérite de son exécution, résultat de cet ordre, je
mettais au défi tout ce qui existait à ce moment,
en fait de reliure, dans tous les quartiers de Paris.
M. Brunet m'avoua n'avoir jamais considéré de reliure supérieure. [1]

dépense de la troisième édition, tandis qu'un supplément à la
seconde eût contenté tout le monde. Le bibliographe anglais a
souvent besoin d'être expliqué après avoir été traduit. Il est
facile, au reste, de connaître les motifs qui ont engagé M. Brunet
à ne pas donner un *Supplément* pour la seconde édition de son
Manuel du Libraire. (Voyez la Préface de la 3e édition, p. ij.)

[1] Accorder aux Anglais que leurs relieurs ont plus d'habi-
leté que les nôtres, c'est de toute justice ; j'en ai vu des
preuves. Mais voyez combien M. Dibdin veut que l'on soit
bien convaincu de cette supériorité ! Il *fait* avouer à M. Brunet
qu'il n'a jamais rien observé d'aussi parfait, et il se trouve que
M. Brunet n'a jamais vu la reliure en question.

C'est toujours le même esprit : écoutez les Anglais, nulle part

M. Brunet me dit, et j'en fus un peu surpris,
mais très satisfait, qu'il avait imprimé et vendu *deux*

on ne travaille mieux que chez eux en tout genre. Tout y est
d'une qualité exquise, et à force de le répéter entre eux, ils se
le persuadent; car la supériorité de la plupart de nos productions doit souvent humilier leurs prétentions. Si ce n'est en
reliure, au moins dans tout ce qui tient d'ailleurs à la confection des livres, nous n'avons à leur envier que des juges
aussi Français qu'ils sont Anglais. Pourtant je pense que s'il
se rencontre souvent des gens toujours disposés à accorder,
presque sans examen, la préférence à toutes les productions
anglaises, soit par une malheureuse perversité de goût, soit
par un système de dénigrement, nous leur devons quelque
obligation sans qu'ils s'en doutent C'est peut-être là une des
causes de la perfection à laquelle sont arrivés tous les objets
d'arts et d'industrie en France depuis quelques années. L'artiste qui entend faire des comparaisons en faveur de l'étranger,
en est plus stimulé, polit, repolit son ouvrage, et le recom-
mence même avec des changemens heureux. Obtenir et justi-
fier l'admiration, voilà son but, et il l'atteint. En Angleterre, c'est tout différent : l'artiste (et je parle d'artistes
supérieurs en tout genre) met au jour une production quelconque ; il n'y a qu'un sentiment, qu'une voix : tout est
beau, achevé, sublime ; et c'est hasard si dans une nouvelle il ne reproduit pas tous les défauts de la précédente.
En ce sens, il ne faut pas proscrire tous les contrôleurs de
notre industrie. Il n'y a pas long-temps que notre célèbre
typographe, M. Didot aîné, reçut, avec une lettre anonyme,
un petit volume des OEuvres *complètes* d'Horace, imprimées
avec un caractère d'une telle exiguité, que tout le volume ne
contient pas plus de 184 pages in-48, pas tout-à-fait deux
feuilles d'impression. L'anonyme, après avoir vanté l'exécution
de ce volume, demande si l'on peut lui trouver quelque objet
de comparaison en France, et porte défi de faire un semblable

mille exemplaires de la dernière édition de son *Manuel*. Jamais pareille chose ne serait arrivée dans notre pays, parce qu'en supposant même qu'on l'eût imprimé avec autant de soin, il aurait été impossible de le publier avec autant d'élégance pour le même prix [1]. Les frais d'impression auraient été du

chef-d'œuvre. M. Didot, dont le goût est trop sûr et trop délicat pour avoir eu même la pensée jusqu'alors de faire de pareils *croquis*, que l'on pourrait appeler des *caricatures typographiques*, s'occupe, dit-on, de la fonte d'un caractère d'une plus petite dimension encore. Tout nous fait croire que nous devrons ainsi à l'amour-propre d'un anonyme l'apparition d'un petit *bijou*, qu'il serait utile toutefois de ne pas prodiguer. Du reste ce petit *Horace* et le petit *Virgile* que j'ai vus (*typis* C. Corrall, *impensis* Guil. Pichering MDCCCXX), et qui tous deux pourraient tenir dans une tabatière ordinaire de poche, sont loin de la perfection. Examinée avec une forte loupe, la gravure du caractère est incorrecte, ses formes manquent d'élégance, on aperçoit une infinité de solution de continuité ou soufflures dans les lettres; les capitales surtout sont tout-à-fait mauvaises. L'impression est en général mieux exécutée que la fonte, qui offrait les plus grandes difficultés : difficultés qu'il faut surmonter quand on veut produire un chef-d'œuvre.

[1] M. Dibdin fait ici une concession dont il faut lui savoir gré. Il reconnaît que ce n'est qu'à prix d'argent que l'on parvient à faire exécuter en Angleterre un livre de quelque importance. Ce serait déjà un très grand avantage que nous aurions sur nos voisins pour la fabrication des livres ordinaires, si d'ailleurs, dans tout ce qui regarde la confection des plus grands ouvrages, comme dessins, gravures, papiers, nous ne pouvions encore leur opposer les plus magnifiques productions, dont les frais s'élèveraient en Angleterre à plus du double qu'en France, sans parvenir au même résultat. J'ai déjà eu occasion

double au moins. Dans l'exécution typographique de cet ouvrage, M. Crapelet s'est surpassé lui-même [1]. A l'égard de l'auteur, je le dis de bonne foi, il a bien mérité tout ce qu'il a gagné [2], et il mérite bien tous les gains qu'il peut encore faire. Il a une application sévère, constante, soutenue. Il écarte tous ornemens, soit graphiques [3], soit littéraires; en sorte

de faire cette remarque dans les *Souvenirs de Londres*, *en* 1814 *et* 1816, p. 140.

[1] Je suis obligé à M. Dibdin de la distinction flatteuse qu'il fait ici de l'impression du *Manuel du Libraire*; mais c'était plutôt des *Annales de l'Imprimerie des Alde*, citées plus haut, et imprimées par Charles Crapelet mon père, avec une rare perfection, qu'il aurait dû faire cet éloge. D'ailleurs l'exagération atténue beaucoup les louanges; et c'est ce qui pourra m'excuser d'avoir imprimé ce passage. Mais je n'ai pas dû supprimer un mot dans la traduction de cette singulière Lettre, pour que l'on puisse mieux juger de son auteur.

[2] Vous écrivez donc, M. Dibdin, tout ce qui vous passe par la tête, sans jamais faire le moindre usage de la réflexion? Avez-vous donc commission à Londres, pour déclarer aux négocians de la cité si vous trouvez de bon ou mauvais aloi les bénéfices de leur commerce? Cette charge n'est pas encore établie en France. Et c'est envers un de vos maîtres en bibliographie que vous vous permettez d'exercer votre office! En vérité vous ne respectez guère la dignité de l'ordre. Doit-il être question de *gains* lorsqu'il s'agit de la science? C'est incontestable en Angleterre, où tout le monde spécule sur tout et partout; mais croyez que, lorsque M. Brunet a formé les premiers linéamens de son utile et excellent *Manuel*, ce n'est pas l'intérêt qui a soutenu sa patience dans son long travail: s'il eût été stimulé par ce seul motif, nous n'en jouirions pas aujourd'hui.

[3] Le luxueux bibliographe anglais admire que le *Manuel* puisse se présenter dans le monde sans l'attirail de portraits.

3

qu'il ne fait jamais de digression. Il décrit simplement, et ce qu'il décrit est presque toujours bien
dit, et porte le cachet de la vérité. [1]

Il est ferme et judicieux dans ses opinions, et parfois enclin à guerroyer pour les soutenir; mais il
aime par-dessus tout à respirer dans un élément bibliographique, et n'est jamais plus heureux que lorsqu'il découvre une erreur ou qu'il peut produire un
nouvel éclaircissement, et surtout à l'égard d'une
édition *princeps*.

[Lors de sa visite à lord Spencer, l'année dernière,
comme sa seigneurie lui montrait le *Juvénal* d'Ulric
Han (imprimé avec le plus petit caractère de cet
imprimeur) et l'*Horace* de 1474, par Arnald de
Bruxelles, sa voix, ses yeux, ses bras, toute son
attitude [2] peignait combien, dans l'occasion, il sen-
tait vivement.]

gravures, fac-simile, ou imitations quelconques. C'est parce
que le fonds l'emporte ici sur la forme. Le mérite du livre le
fait assez valoir, et son succès n'en sera que plus durable.
Retranchez des ouvrages de M. Dibdin les curiosités graphiques, que restera-t-il?

[1] Aux qualités que M. Dibdin possède, il serait heureux
qu'il s'efforçât d'adjoindre celles qu'il apprécie dans M. Brunet:
ses travaux et le public y gagneraient beaucoup; ses livres ne
seraient pas si coûteux, et seraient plus profitables. L'auteur
anglais ne décrit rien de sang-froid; il *charge* continuellement,
et, comme il ne manque pas d'originalité dans l'esprit, il
semble viser à être le *Callot* de la bibliographie.

[2] N'est-ce pas une caricature? M. Brunet et nos autres
savans et estimables bibliographes ont beaucoup de plaisir
sans doute à voir, à considérer des raretés bibliographiques;

Ses manières, sa conversation, sont naïves et caractéristiques. Il ne copie personne, et on peut dire
qu'il est citoyen du monde. Bref, il a dans ses opinions et sa conversation aussi peu de *nationalité* que
dans aucun Français avec lequel j'aie conversé jusqu'à présent. [1]

Je me suis assez étendu sur les libraires les plus
remarquables du midi de la Seine, je puis même dire
de toute la ville de Paris; mais de ce que la chaleur
vivifiante du midi fait éclore toutes les espèces de
production, il ne s'ensuit pas nécessairement que le
nord de la Seine ne présente aucune végétation
bibliopolique. Préparez-vous donc à être introduit
chez M. CHARDIN, qui demeure rue Sainte-Anne,
n° 19; rue qui, dans son cours, fait angle droit
avec la rue Saint-Honoré, non loin de l'église
Saint-Roch. M. Chardin est le seul qui survit encore
aux libraires de la vieille école [2] à Paris; et comme

mais aucun d'eux, j'en suis certain, ne porterait l'enthousiasme
jusqu'à en pâmer d'aise, ainsi que vous voulez bien l'insinuer
ici. D'ailleurs vous ne décrivez pas toute la scène; vous deviez
également dépeindre l'étonnement où se trouva votre patron,
lord Spencer, lorsque M. Brunet lui montra, précisément dans
une feuille de son *Manuel* qu'il avait sur lui, que l'exemplaire
que sa seigneurie supposait *unique*, était mentionné dans une
autre bibliothèque.

[1] M. Dibdin fait-il compliment ou reproche à M. Brunet de
n'avoir pas l'air d'un Français? Louange ou blâme, cette observation, qui n'en est pas plus juste, me paraît au moins fort déplacée.

[2] *Vieille école, nouvelle école;* locutions ambitieuses et ici
vides de sens. Le commerce des anciens livres s'est fait, comme

j'ai une prédilection pour les antiquités [1], dans quelque genre que ce soit, je saisis avec plaisir l'occasion de jaser un peu de M. Chardin. Depuis le temps de Gering, il ne s'est pas vu en France un plus beau vieillard, et d'une physionomie plus caractéristique [2]. M. Chardin est d'une taille au-dessus de la moyenne, et ordinairement vêtu d'une roquelaure ; un petit bonnet de soie noire laisse échapper de chaque côté du front de longues boucles de cheveux gris-blancs. Et ses traits ? pour cela je vous envoie sa figure même d'*après nature*, et faite en deux séances qu'il a données à M. Lewis [3]. Vous y remar-

il se fait et se fera, avec activité, intelligence et probité par les uns, avec plus ou moins de charlatanisme par certains autres : il n'y a pas là *école*, doctrine; tout est purement individuel.

[1] L'auteur laisse souvent apercevoir la gêne qu'il éprouve dans les transitions. S'il possédait le Sermonnaire et Rhétoricien Hugues Blair aussi bien que Shakespeare, il se trouverait moins en peine. Ici, cette gêne lui fait commettre une irrévérence, toujours plus blâmable en raison de l'instruction de l'auteur et du caractère dont il est revêtu. Dominé par son habitude d'exprimer tout ce qui s'offre d'abord à sa pensée, il a cru faire sans doute un rapprochement très piquant de son amour pour les antiquités avec le grand âge de M. Chardin. En France, on ne se permet jamais, avec l'usage des convenances, de plaisanter sur la vieillesse; en Angleterre, elle est également révérée. Ainsi, chez nous comme chez nos voisins, ce rapprochement de mauvais goût sera désapprouvé.

[2] Depuis Gering, qui vivait il y a 350 ans, M. Dibdin a donc passé en revue toutes les figures de vieillards qui ont existé en France !

[3] Le portrait gravé de M. Chardin est placé à cet endroit dans le texte anglais.

querez combien l'expression de sa physionomie a de finesse, et en même temps de douceur, mêlées à un certain air de *vieille école* qui est en lui, et qui, pour mon goût d'ancienne mode, a toujours quelque chose d'agréable et d'intéressant.

Vous pouvez me quereller sur le bruit que je fais, et sur tant de détails à l'égard d'un vieux libraire qui est près d'achever sa carrière; mais raconter, c'est là ma folie [1]; et de plus, où est le mal [2] si je saisis ces traits caractéristiques qui peuvent intéresser un grand nombre d'amateurs de livres,

---

[1] Cet aveu explique comment l'auteur a fait entrer dans son livre tant de détails oiseux et insignifians, tant de conversations familières, tant de petites choses qui ne constituent pas un bon ouvrage. Il a sacrifié au goût dominant de ses compatriotes, qui, sur tous objets, se plaisent à recueillir les plus minces détails, les plus petites circonstances, pour se donner ensuite le plaisir d'étendre les commentaires; et pourtant (voyez jusqu'à quel point M. Dibdin a poussé l'abus de ces petits moyens dans ses narrations) j'ai appris, par voie certaine, que la critique anglaise, qu'il devait trouver plus indulgente à cet égard, a déjà fait justice de tout ce fatras de choses inutiles et indigestes.

[2] Il semblerait que l'auteur a pressenti les reproches que devait encourir sa diffusion. On chercherait vainement dans son ouvrage ces *traits caractéristiques* qu'il promet à ses lecteurs; et s'il s'en trouve un seul bien prononcé, c'est celui de l'auteur, qui fait preuve à chaque page d'une légèreté d'esprit, d'une intempérance de langue, d'un oubli des égards et des convenances sociales que l'on n'excuserait pas dans un jeune homme qui ferait son entrée dans le monde.

dont quelques-uns peuvent encore se ressouvenir
de Chardin lorsqu'il était joli cavalier, et qu'il
se partageait entre ses livres et la société des dames ? Il doit avoir été fort agréable dans sa jeunesse, quoiqu'il soit d'une complexion délicate.
Mais que M. Chardin, par sa méthode, soit parvenu
à la vieillesse, c'est une singularité remarquable. Il
se traite suivant le *livre*, c'est-à-dire, suivant l'*Al-
manach*, et encore je crois qu'à peine il a conservé
une once de sang dans ses veines. La phlébotomie,
voilà ses chères délices. Il est toujours à se plaindre,
et cependant à le voir, on ne croirait jamais qu'il
soit malade; mais *madame* le veut ainsi, et monsieur y consent. Il reste au premier au-dessus de
l'entresol, et les deux ou trois petites pièces qu'il
occupe sont abondamment garnies de livres. Leur
intérieur est digne d'intérêt; ses trésors sont ren-
fermés dans des armoires en glaces, dans lesquelles
se développe bon nombre d'articles rares et précieux,
Ces armoires sont très-élégamment ornées, et je puis
assurer que c'est rendre justice à leur propriétaire
de dire qu'elles renferment beaucoup de ces articles
qui font honneur à son goût. Ce goût se fait principalement remarquer à l'égard des manuscrits enri-
chis d'ornemens et des livres imprimés sur Vélin,
généralement reliés avec luxe.

[Chardin passe surtout parmi les amateurs
Pour le plus vétilleux de tous les connaisseurs;

Il fait naître, encourage, anime l'industrie,
Les beaux livres font seuls le charme de sa vie.
Chez lui la moindre chose est curiosité.
Sa bibliothéque est d'une telle beauté
Qu'on en compte très peu comme la sienne en France.
De l'embellir sans cesse il fait sa jouissance,
Et tout artiste enfin doit envier l'honneur
De pouvoir travailler pour un tel amateur.

LA RELIURE, poëme, par *Lesné*, page 31.]

Il y a à peine sept ans que M. Chardin publia, en un volume *in*-8° de près de deux cents pages, un catalogue de manuscrits, et de livres tous sur VÉLIN. Il a été long-temps renommé pour les raretés en ce genre. « Il n'y a que des livres rares ! » est son exclamation ordinaire, lorsque vous ouvrez les portes de glaces de sa bibliothéque, et que vous avancez la main vers l'un de ses joyaux. C'est l'*Edwards* de la France ; mais dans une bien plus petite proportion quant aux affaires. Il ne vous presse pas de prendre ses marchandises, mais ses prix sont élevés. Au reste, vous êtes bien le maître d'acheter ou non ; mais si vous achetez, il faut mettre là l'argent. Il y a encore une autre singularité chez ce courtois et vénérable bibliopole.

Il a la manie de rendre ses *Alde* complets au moyen de feuillets manuscrits ; et que cet expédient soit convenable ou non, je dois dire que l'exécution en est d'une perfection surprenante ; car il est presque impossible, à la lumière, de découvrir la moindre différence entre ce qui est imprimé et ce qui est exécuté à la plume. Je crois que ce furent toutes les scholies du *Dioscoride* d'Alde, *in-folio*, un grand nombre de feuilles dans les *Institutiones grammaticæ* d'Urbanus, 1479, *in-4°*, et plusieurs autres volumes de format inférieur, que je vis ainsi complétés. Ce qui me paraît inconcevable d'abord, c'est que la peine de l'écrivain puisse être suffisamment payée pour un tel travail. Mais en quoi peut-il servir au libraire qui le fait exécuter ? c'est ce qui est encore également inexplicable ; car il est connu que le bon M. Chardin vous laisse faire la découverte du morceau manuscrit, et lorsque vous le montrez, il ajoute : « Oui, monsieur, n'est-il pas beau ? » Dans une espèce de couloir, entre sa pièce principale et sa chambre à coucher, se trouve une volumineuse collection de traités et d'ouvrages imprimés relatifs au *beau sexe*. C'est véritablement une prodigieuse réunion de productions *pour* et *contre* les femmes. M. Chardin ne les sépare pas, parce que, suivant lui, « le poison et l'antidote doivent toujours aller ensemble. »

Ce singulier homme est encore très passionné pour toutes les curiosités de l'antiquaille : anciennes porcelaines, anciens dessins, anciennes peintures, anciennes ciselures, anciennes reliques en tout genre ; tout cela réjouit ses yeux, et lui coûte cher. Il ne parle jamais de Jean Goujon qu'avec enthousiasme. Nous avons fait dernièrement un échange ensemble.

M. Chardin a une assez grande variété de cannes. Il me rendait visite un matin à mon hôtel, appuyé sur un long bambou noir, dont la pomme était formée d'une pièce d'ivoire supérieurement sculptée; ouvrage du même Jean Goujon. Elle représente une femme couchée, dont la tête, enveloppée d'un large chapeau à bords rabattus, est supportée par un bouclier. En cinq minutes notre marché fut conclu. Il m'offrit la canne, à condition que je lui donnerais un exemplaire choisi des *Ædes Althorpianæ*. Nous nous séparâmes fort contens l'un de l'autre; mais je soupçonne que l'achat que je lui fis d'environ quatre-vingts livres sterling de livres mit de son côté la plus grande part de satisfaction [1]. Comme tous ses confrères du même rang, M. Chardin va passer les samedis et les dimanches à sa petite *ferme ornée*, située à quelques milles de Paris, « n'ayant plus maintenant rien à faire, comme il me le dit gaî-ment, qu'à deviser sur le beau sexe. »

Je termine avec M. Chardin ma narration biblio-polique, non que je prétende par là jeter la moin-dre obscurité sur les autres libraires dont je ne fais pas mention [2], mais simplement parce que je n'ai

[1] Toujours des plaisanteries offensantes. M. Dibdin donne une grande importance aux achats de livres qu'il a faits à Paris, et prête à ceux à qui il achète un caractère bien inté-ressé! Ne serait-ce pas plutôt une disposition particulière de son esprit?

[2] Effectivement, les noms de beaucoup d'autres libraires

voulu vous entretenir que de ceux que j'ai vus, ou avec lesquels je me suis trouvé en relation d'affaires.

Maintenant disposez-vous à lire quelques détails sur les *imprimeurs,* ou mieux sur les *trois imprimeries,* certainement les plus distinguées de Paris. Je veux dire celles de *MM. Didot* et de *M. Crapelet.* Le nom de Didot vivra aussi long-temps que l'instruction et le goût subsisteront dans quelque portion

distingués de Paris ne seront pas ensevelis dans l'oubli, parce qu'ils n'ont pas l'honneur de figurer dans les pages du bibliographe anglais. Il ne m'appartient pas d'assigner des places de distinction, encore moins de pénétrer dans l'intérieur des maisons, comme le fait M. Dibdin. Mais lorsqu'il est question de libraires recommandables par leurs connaissances, la probité et la loyauté de leur caractère, les noms de MM. *Tilliard* frères viennent s'offrir naturellement sous la plume. La direction que M. *Lefèvre* a prise dans ses grandes entreprises de librairie, les soins et les peines qu'il s'est donnés pour l'amélioration et l'ornement des éditions qu'il a publiées, ont rendu son nom recommandable à tous les amateurs ; et plusieurs autres libraires ne sont pas moins dignes d'éloges. On aurait donc une idée bien incomplète de la Librairie de Paris, si l'on en jugeait seulement d'après ce que raconte l'auteur anglais. On n'ignore pas quel accroissement extraordinaire cette belle branche d'industrie a pris depuis quelques années. La presque totalité de nos immenses richesses littéraires est maintenant replacée dans de nouvelles éditions, que la perfection de la typographie a rendues plus dignes de nos illustres auteurs. La magnifique collection spéciale des *classiques* français (dont M. Dibdin, qui parle tant, ne dit pas un mot), publiée par M. Didot aîné, est à elle seule déjà un monument de notre gloire littéraire. Pour ma part, plus de deux cents volumes *Gr. Papier vélin* d'auteurs français sont sortis de mes presses.

que ce soit du globe; et je ne suis pas certain que tout ce que *Bodoni*, *Bensley* et *Bulmer* ensemble ont produit, ait plus contribué à l'illustration de leur pays, que ce qui a été fait par M. Didot pour la France [1]. A l'égard de la littérature ancienne et classique cependant, Bodoni peut, à bon droit, faire une exception, et réclamer la supériorité. M. Didot aîné dirige les presses royales, dont les caractères ne me paraissent pas fort admirables [2]. Vous pouvez voir ces caractères dans les *Mémoires de l'Institut*, ou les *Notices* et extraits de manuscrits, ainsi que

[1] La forme du doute employée par M. Dibdin est une concession qu'il fait à l'esprit national et au mérite des typographes de son pays, dont on ne peut pas lui savoir mauvais gré; car il penche visiblement à décerner la palme au typographe français; et, avec autant de justice que d'impartialité, tout le monde sera de son avis.

[2] M. Didot n'est pas directeur de l'Imprimerie royale, mais imprimeur du roi. La critique que M. Dibdin fait des types anciens de l'Imprimerie royale, n'a donc aucun rapport avec ceux de M. Didot. C'est M. Firmin Didot qui est graveur de l'Imprimerie royale; mais son directeur laisse reposer les burins. Il y a long-temps que l'on s'étonne en France qu'un établissement aussi considérable que l'est celui de l'Imprimerie royale, qui a autant de moyens de renouveler ses anciens caractères, qui devrait exécuter les œuvres de la munificence Royale avec le plus de perfection, soit précisément celui qui est resté le plus en arrière. Cette étrange position tient évidemment à la nature de son administration, et au changement qu'a subi cette imprimerie dans sa destination primitive, qui n'avait rien de commun avec le monopole d'impression qu'elle exerce aujourd'hui.

dans ces énormes volumes [1] qui renferment les dernières découvertes en Égypte, faites depuis le premier ouvrage de M. Denon [2]. C'est précisément par
ces derniers volumes que vous pourrez vous con-
vaincre de la forme *mince* et *maigre* des lettres qui
y sont employées ; mais lorsque M. Pierre Didot a
la faculté de faire usage de ses *propres* caractères,
avec quel éclat ne paraissent-ils pas dans son *Virgile
in-folio* de 1798, et encore plus peut-être dans
l'*Horace in-folio* de 1799 ! Ce sont des livres qui
n'ont jamais été et ne pourront jamais être surpas-
sés. J'avoue cependant que l'*Horace*, avec les vignettes délicieuses de Percier, gravées par Girardet,
est, pour mon goût, le volume de prédilection ;

[1] M. Dibdin, fidèle à son système, ou plutôt à l'habitude
anglaise de ne trouver bien que ce qui appartient à l'Angleterre, s'exprime ici d'une manière bien dédaigneuse à l'égard
de l'important et magnifique ouvrage, résultat d'une expédition
qui, pour le bien de l'humanité, aurait dû être plus heureuse.
Notre séjour en Égypte avait pour effet de civiliser les Égyp-
tiens, et de les initier à la connaissance et à la pratique d'une
multitude d'arts utiles qui devaient contribuer à leur bien-être.
Rien n'en est resté peut-être, sinon ce magnifique et instructif
ouvrage, monument impérissable de cette importante expédition.

[2] C'est une erreur. Ce savant respectable était un de ceux
qui firent partie de l'expédition. Revenu en France, il n'at-
tendit pas le long délai inévitable pour les ouvrages publiés
par une grande réunion de coopérateurs ; mais avant la publication de l'ouvrage sur l'Égypte, il donna le sien, dont le
succès est aussi connu qu'il est mérité.

mais M. Didot, ainsi que vous pouvez vous le rap-
peler, a recueilli, dans notre contrée même, les té-
moignages d'une admiration presque générale, lorsque par la vente de certains ouvrages sur VÉLIN,
exécutés par lui (de la bibliothéque du maréchal
Junot) [1], il a été prouvé qu'il l'emportait décidément sur Bodoni dans l'impression des VÉLINS. Lequel des deux excellait dans les *in*-12 ou les *in*-8° ?
c'était encore Didot qui remportait le prix.

Firmin Didot a maintenant ses presses rue Ja-
cob. Lors même qu'il n'aurait jamais exécuté d'autre
livre que la *Lusiade* du Camoëns, son nom serait
digne d'aller à la postérité avec celui de son oncle
(*Lisez* de son frère). Le nombre des livres imprimés et publiés par les Didot, spécialement dans les
langues latine et française, est presque incroyable.
J'y comprends les productions de leur stéréotypie,
qui sont très commodes et très nettes, mais dont
les pages peut-être papillottent trop aux yeux. J'ai
été faire dernièrement une visite à l'imprimerie de
M. F. Didot, qui est en même temps fondeur en caractères [2]; je demandai au neveu, je crois (c'est au

---

[1] Le général Junot ne fut point l'un des maréchaux de France,
nommés alors maréchaux d'empire.

[2] Et sans contredit le meilleur graveur. M. Amb. Firmin
Didot, son fils, qui pendant long-temps s'est exercé à la gravure des poinçons sous les yeux de son père, fait preuve d'un
talent qui est digne d'un tel maître. Ses caractères de forme
gothique qu'il a récemment publiés, sont d'une élégance et

fils), à quel nombre d'exemplaires on avait tiré la
fameuse *Lusiade*, et s'il y avait plusieurs formats.
Il me répondit qu'il n'existait que deux cents exemplaires, et d'un seul format. Ceci doit suffire pour
rassurer ceux qui redoutent de ne posséder que le
petit papier, et pour repousser toute supposition
d'un plus grand nombre d'exemplaires tirés, ima-
ginée pour diminuer la valeur du livre. M. Didot
fils me conduisit ensuite dans tous les ateliers, qui
sont vraiment d'une grande beauté. Ils sont si bien
distribués qu'ils font plaisir à voir. Les ateliers réu-
nis de MM. Bensley et Bulmer sont moitié moins
considérables.

En bas, sur le devant de la maison, est le magasin de vente des livres stéréotypes ; au-dessus sont
les appartemens de M. Didot, dans lesquels l'élégance de l'ameublement se trouve réunie au bon
goût. Une petite cour carrée forme le centre des
bâtimens. Au rez-de-chaussée, sur le derrière, se
trouve la fonderie [1]. Je vis fondre huit lettres de

d'une pureté de burin remarquables. Ce dernier genre de caractères avait été abandonné en France, mais les Anglais en con-
tinuaient fréquemment l'usage, et les avaient assez bien exécutés. Aujourd'hui, ils ne peuvent soutenir la comparaison
avec les nôtres.

[1] L'auteur décrit trop de localités pour ne pas s'y embrouiller.
Mais comme la distribution des ateliers n'est pas d'une grande
importance, je ne releverai pas les inexactitudes de cette
description.

cicéro en une demi-minute. Je désirai connaître les prix et les frais de l'impression, etc., pour estimer le prix comparatif du travail dans les deux pays. M. Didot me dit que, tous frais faits hors le papier, l'impression, à mille exemplaires, d'un volume *in-8°*, contenant trente lignes à la page, en caractère moyen, revenait à 35 francs par feuille. Je suis persuadé que chez nous la même feuille coûterait, pour ne rien exagérer, le double de ce prix, soit parce que nos imprimeurs, même les plus estimables, comptent leurs frais à un taux trop élevé, soit que les prix de la main-d'œuvre des compositeurs soit le double de ceux de France.

Après Didot, vient CRAPELET pour les affaires, le savoir, la célébrité.

[M. Crapelet est aussi auteur, et a bien voulu me remettre un exemplaire de son ouvrage, *ex dono auctoris*. Il est intitulé *Souvenirs de Londres*, en 1814 et 1816; mais il n'y a pas mis son nom. Pendant son premier séjour parmi nous, il est question de la fameuse visite des souverains étrangers, et il a traité ce sujet délicat avec une adresse et une franchise convenables. Page 79, il décrit leur arrivée et l'effet de leur présence au théâtre de Covent-Garden. Page 64, il adresse à lady Morgan une réplique piquante à ses attaques contre Racine et Voltaire. Les pages 70 et 71 offrent une description fort curieuse de la célébration du jour de la naissance du

roi à Saint-James. **M. Crapelet** a été également surpris et satisfait de la belle procession de nos malles-
postes, « toutes attelées de quatre superbes chevaux ;
« les cochers et les conducteurs habillés à neuf en
« grande livrée du roi, rouge et galons d'or. » Ce
qu'il dit de nos manières, de nos usages, de nos
spectacles est généralement amusant. Dans le passage
suivant il rend ainsi justice à nos habitudes domes-
tiques. « Nous avons été dîner ensuite chez M. N***,
« dont nous avions accepté l'invitation. Français, il
« s'est fixé en Angleterre depuis plus de vingt ans,
« et s'est marié à une Anglaise d'un caractère aimable,
« et qui fait son bonheur. Sa famille, quoique très
« nombreuse, vit dans l'union la plus parfaite ; ce qui
« n'est pas rare en Angleterre, parce que les enfans
« y sont élevés dès l'âge le plus tendre, dans un
« grand respect de leurs parens. Combien l'oubli de
« ce premier principe de l'éducation n'a-t-il pas
« causé de désordres et de chagrins dans les familles! »

En parlant de nos dames, un peu plus loin, il
s'exprime ainsi sur leurs avantages personnels.

« Cependant la conversation favorite des sociétés
« de Londres roule sur la politique. Les actes des
« ministres, les discussions parlementaires, les réfor-
« mes, le budget, les élections, sont des sujets d'en-
« tretiens interminables. Les dames même placent
« leur mot dans l'occasion, et c'est presque toujours
« avec beaucoup de sens et de finesse. Ce n'est pas là
« cependant leur principal mérite ; elles sont bonnes
« épouses, excellentes mères, entendent parfaitement

« les soins du ménage, et gouvernent bien leurs
« maisons; à quelques exceptions près, c'est dans
« l'ordre. Il faut le dire encore, elles sont générale-
« ment jolies; mais leurs habillemens écourtés et
« serrés, leur coiffure singulière, leur démarche
« balancée, les privent de ces grâces et de cette élé-
« gance qui prêtent tant de charme aux Parisiennes.
« Ici les chapeaux des femmes sont aplatis sur leur
« tête; à Paris ils avaient deux pieds de haut et mon-
« taient encore à notre départ. Quelle est la plus
« bizarre de ces deux formes? Je n'admettrais pas le
« berger du mont Ida à décider la question; car le
« chapeau des Anglaises ressemble beaucoup au cha-
« peau phrygien. » Page 37.

Je pourrais encore citer beaucoup d'autres pas-
sages qui donneraient une idée avantageuse du Livre
de M. Crapelet, et qui seraient agréables au lecteur.
Dans ce temps, Éton mettait à exécution la tâche
pénible qu'il s'était imposée, par gageure, de faire
mille milles en mille heures. De là l'auteur prend occasion de tourner en ridicule, dans la note suivante,
le penchant des Anglais à faire des paris sur tout
objet. « John et Patrick dînaient ensemble dans une
« taverne. En parlant d'affaires et de politique, leurs
« yeux se tournent vers une fenêtre dont les vitres
« étaient couvertes d'eau, par l'effet de la chaleur
« interne. John parie qu'une goutte d'eau descendra
« avant une autre au bas de la vitre. La gageure est
« tenue, et Patrick gagne dix guinées à son ami. »

La description des courses d'Epsom, pages 98 à

4

103, est très animée et fort intéressante; mais elle serait trop longue à transcrire, et perdrait trop à être abrégée. Tout Anglais d'un esprit sage et droit partagera le sentiment qu'exprime ainsi M. Crapelet à la fin de son livre : « Espérons que la longue riva- « lité des deux pays, qu'on s'était efforcé de con- « vertir en haine réciproque des individus, ne sera « plus animée que par de généreux sentimens, tous « dirigés vers le bonheur des deux peuples ! Après « de si longs orages politiques, l'industrie, vraie « richesse des nations, prendra bientôt un nouvel « essor; et l'Europe peut attendre de ses souverains « qu'ils maintiendront la paix avec une constance « égale aux efforts qu'ils ont employés pour la défense « de leurs trônes. »

J'ajouterai qu'un supplément en petits caractères contient des extraits des meilleurs écrivains anglais sur l'histoire et les antiquités de Londres.]

M. Crapelet est un homme de manières agréables et sans affectation, à peine âgé de trente-six ans; et il est vraisemblable, conséquemment, qu'il deviendra le plus riche imprimeur de Paris. Je l'ai vu souvent, et j'ai dîné une fois chez lui. Il eut l'attention de réunir une société de personnes agréables, instruites et de bon ton. M. J. Rey, l'auteur des *Essais historiques sur Richard III*, était au nombre des convives. Son ouvrage, en un volume *in-8°*, a été imprimé chez notre hôte lui-même. La conversation fut en général variée, agréable, instructive. Madame Crapelet, qui est maintenant (autant que je puis croire) à peu près entre vingt-cinq et vingt-six ans, et que l'on peut ranger dans la classe des plus jolies femmes de Paris, fit les honneurs de la fête de la plus agréable manière. On ne doit pas être surpris que le meilleur vin de Champagne et de Chambertin ait été servi sur la table de celui qui, au milieu des toasts de ses convives, avait pour accompagnement le bruit agréable des frisquettes et des tympans de vingt-deux presses ! Après le dîner on passa dans un salon spacieux pour prendre le café et les liqueurs ; et aussitôt après dans une pièce suivante, où était un corps de bibliothéque rempli d'ouvrages choisis sortis de ses presses, et de plusieurs autres célèbres imprimeurs. J'ai oublié quels sont ceux que nous avons tirés des rayons, et que nous avons surtout admirés ; mais sur la question que j'adressai à M. Crapelet, sur l'état actuel des affaires relativement à la littérature et à l'imprimerie, il me répondit (et je crois aussi M. Didot, si je me le rappelle bien), qu'elles n'avaient jamais été dans un état plus florissant. Il y avait un grand mouvement de réimpressions des anciens auteurs, et dans ce moment il avait deux éditions de Montaigne sous presse. Je fis mon compliment à M. Crapelet, et aussi, avec autant de justice que de sincérité, sur l'exécution du *Manuel du Libraire* de M. Brunet. Aucun imprimeur dans notre pays ne pourrait mieux l'exécuter. Que peut coûter l'impression d'une feuille de cet ouvrage ? Mon hôte reçut mon compliment avec modestie et discrétion, et me donna un détail des frais d'impression qui me surprit réellement. Je suis certain que plus d'un imprimeur de ma connaissance aurait exigé le double de ce prix. Mon hôte à son tour fit un grand éloge de l'impression et du papier des *OEuvres de Shakespeare :* « Je désespère de les surpasser, dit-il. Vos vignettes surtout et vos grandes estampes sont de la plus belle exécution. En France, cette branche de l'art est absolument méconnue[1] ; et d'ailleurs il nous est impossible de publier des livres à des prix aussi élevés que les vôtres. »

C'est un peu singulier ; mais j'ai souvent entendu des connaisseurs faire les plus grands éloges de notre beau papier vélin, tandis qu'au contraire, ainsi que vous le savez très bien, nous désespérons de pouvoir égaler ceux de France. Cela peut s'expliquer.

[1] Ne croirait-on pas que j'ai dit à M. Dibdin qu'il nous était impossible de faire exécuter en France d'aussi belles estampes que celles de l'Angleterre? Je serais à peu près seul de mon avis. Je me suis récrié sur la beauté des vignettes *en bois* qui décorent plusieurs volumes du Shakespeare *in-*4° de M. Bulmer. Leur exécution est effectivement étonnante, et me paraît infiniment supérieure à leurs vignettes sur cuivre. Ce genre de gravure sur bois, porté en Angleterre à un degré de perfection tel, que l'on pourrait supposer une substitution de matière à celle du bois, est en effet très peu avancé en France ; et c'est de quoi je suis convenu avec M. Dibdin.

Notre papier est et n'est pas aussi bon que celui de
France; mais en examinant toute la question, on
décidera directement et fortement à notre désavan-
tage. La vérité est que la matière de notre papier
commun est infiniment mauvaise. Nous ne pouvons
nous servir de chiffons de toile, sans augmenter
considérablement les frais, à cause de l'impôt élevé
qui pèse sur cet article; et alors même que le con-
sommateur consent à donner un prix proportionné
à la supériorité présumée du papier, il y a encore
une infinité de frais qui augmentent le prix de la
fabrication, comme le plâtre, l'acide muriatique,
les sels, etc. Sans doute il existe beaucoup d'honorables exceptions dans l'emploi de ces moyens; mais
je ne puis m'empêcher de remarquer combien notre
papier commun d'impression en Angleterre est dé-
testable. Toute cette espèce chez nous est composée
de coton. Je pourrais faire mention de livres imprimés sur des papiers de cette matière, qui péri-
ront beaucoup plus promptement que ne le pensent
ou ne le désirent leurs auteurs ou éditeurs. Le papier ordinaire de France est particulièrement bien
préférable au nôtre. Il revient à un prix très modéré,
et s'imprime, comme on dit, très bien et avec une
grande facilité; mais si l'on parle de papier supérieur,
comme l'est chez nous celui de Whatman, et en
France celui d'Angoulême (et d'Annonay), peut-
être devra-t-on dire qu'ils vont tous deux de pair.

Quant à ce qui regarde le papier de taille-douce, la grande supériorité de celui de nos voisins ne peut être contestée. Aussi voyons-nous nos imprimeurs en taille-douce employer toujours du papier de France pour leurs plus belles planches.

Je dois maintenant faire mes adieux aux presses de M. Crapelet, placées au rez-de-chaussée, et à *sa bonne réception* [1] au premier étage. En même

[1] Je réunirai dans une seule note les observations que je crois devoir faire sur l'article qu'on vient de lire, et qui me concerne. Rien de plus embarrassant ni de plus pénible que d'entretenir de soi les lecteurs; rien ne prête davantage aux malicieuses interprétations. Mais l'indiscrétion de M. Dibdin me fait une obligation de ne pas accepter le contenu de son étrange panégyrique, et de lui faire connaître que, si les Français se plaisent à accueillir les étrangers, ces étrangers ne sont pas en droit pour cela de profaner cette hospitalité, en lui donnant une publicité qui ne saurait flatter ceux qui les reçoivent avec des sentimens de franchise et de confiance.

Je demanderai donc à M. Dibdin comment il peut oublier le respect que l'on doit aux lecteurs, jusqu'à leur faire le récits de dîners qu'il a reçus chez des particuliers, comme s'il rendait compte de dîners d'auberge. Je lui demanderai s'il n'est pas encore de toute inconvenance de mettre en scène des personnes avec lesquelles il s'est trouvé, et même les maîtresses de maison.

Quoique l'on m'eût prévenu qu'il fallait se tenir sur la réserve avec M. Dibdin, j'étais loin d'imaginer qu'il me ferait figurer dans son ouvrage. Certainement s'il avait laissé échapper un mot qui pût me faire pénétrer son intention, il en eût été comme du portrait. Mais si la nature de son plan bibliographique lui rendait indispensable de citer les noms des pertemps je prends congé des imprimeurs et des libraires de Paris. Que reste-t-il donc maintenant à

sonnes à qui l'on accorde quelque distinction dans l'art typographique, je lui aurais dit : « Le nom de *Charles* CRAPELET, « mon père, appartient aux Annales de l'Imprimerie. Il n'est « plus ; il a consacré toute sa vie à des travaux honorables qui « ont contribué au perfectionnement de l'art. Parlez de ses « éditions, de ses magnifiques ouvrages qui font l'ornement et « la richesse des plus belles bibliothèques de la France et de « l'étranger. C'est lui qui a fondé l'établissement que je pos- « sède, et la *célébrité* dont jouit son nom. Ses qualités morales « égalaient ses talens. Ce serait manquer à sa mémoire que de « lui substituer son fils dans vos écrits. » Mais la pensée de M. Dibdin ne va pas si loin. Il attribue au fils tout ce qui appartient au père ; un grand établissement, des connaissances, de la célébrité, et tout cela à moins de trente-six ans ; ce qui serait avoir bien employé son temps.

Je demanderai encore à M. Dibdin si c'est par droit spécial de sa qualité de *bibliographe* qu'il a divulgué mon nom, que je n'avais pas mis sur le titre des *Souvenirs de Londres en* 1814 *et* 1816. Lorsque, par des considérations particulières, que j'eus même l'attention de lui expliquer en lui en remettant un exemplaire, j'avais publié ce petit ouvrage sans nom d'auteur, je ne m'attendais guère à cette infidélité de la part du ministre anglais. Mais au moins, puisqu'il a bien voulu lire mon livre, il n'y aura pas trouvé un seul exemple de ces indiscrétions en tout genre, dont il se fait un jeu. J'ai été reçu chez MM. Bensley et Bulmer, les deux premiers imprimeurs de Londres ; mais j'aurais cru manquer à tous les égards en parlant de l'intérieur de leurs maisons. Nous nous sommes entretenus d'objets relatifs à la typographie, et je n'ai pas été au-delà dans mes *Souvenirs* imprimés. Je sais que depuis quelque temps ces égards dus à la société en général, ont été méconnus aussi-bien en France qu'en Angleterre, ne fût-ce que

dire qui soit digne de remarque, relativement aux livres? Vous me le demandez; je vous répondrai par un mot. — La RELIURE? Oui.... plusieurs heures de ma résidence dans la capitale ont été consacrées à l'examen de cette branche *séductrice* du commerce des livres. Cependant je n'ai vu, et il n'est pas vraisemblable que je voie aucun relieur, tels que THOUVENIN, SIMIER, BRADEL ou LESNÉ. Je ne sais pas exactement lequel existe encore de COURTEVAL ou des BOZÉRIAN; mais les ouvrages de leurs mains existent,

par la publication indécente des *Dictionnaires* et *Biographies des Hommes vivans*; mais je sais aussi que je n'ai pas rencontré une seule personne raisonnable qui ne condamne ces sortes de publications comme une atteinte portée à la considération et à la sécurité des familles.

Au reste, que M. Dibdin ne se le dissimule pas; je ne suis pas le seul qui désapprouve sa conduite en France. Déjà, en différentes occasions, il a reçu, dans plusieurs lettres particulières, de justes reproches sur les erreurs qu'il accumule dans ses ouvrages, sur l'étrange abus qu'il a fait de ses relations, en ne respectant ni le caractère, ni l'âge, ni les confidences des personnes qui ont eu des rapports avec lui. Sans doute il aura pensé que puisque son *Décameron* n'avait donné lieu à aucune de ces censures imprimées qu'il semble avoir provoquées, il lui était permis de tout dire par la suite. Je ne crois donc pas inutile de lui faire connaître les sentimens que je partage avec des personnes très recommandables, et plusieurs même de celles qu'il mentionne dans son ouvrage : elles portent le même jugement que moi sur ses ouvrages. Je crois encore que nous nous ferions tort dans l'esprit de ses compatriotes éclairés, en gardant un plus long silence sur ses *inconcevables indiscrétions.*

et sont en grande réputation dans tous les quartiers
de Paris. Vous me pardonnerez une ou deux observations préliminaires. *La Décadence et la chute*
des empires [1] est un thème qui nous est suffisamment connu dès notre première jeunesse ; mais la
décadence et la chute de l'art de la reliure à Paris,
est un thème qui n'est peut-être pas tout-à-fait aussi
familier, même aux plus célèbres de nos amateurs.
Au surplus, voici ce qu'il en est. L'art *bibliopègis-*
tique [2] a éprouvé une grande *décadence* chez les Pari-
siens ; mais les relieurs actuels espèrent, et déclarent
même, avec une certaine assurance, que leur art
n'éprouvera, ni une *chute* absolue, ni une découra-
geante dégradation ; et en cela ils raisonnent juste.
Avec un peu de soin, et en accordant un peu moins
à la vanité nationale, ils ne tomberont pas à un tel
degré d'infériorité. Autrefois les Français éclipsaient
tout le monde en reliure. C'est ce que prouvent les
exemplaires des collections de De Préfond, De Boze,
Gaignat, et même de La Vallière. Nos Johnson,
Montague et Baumgarten ne peuvent soutenir la

---

[1] Si Petit-Jean discourait sur ce sujet, il remonterait aux
Babiboniens ; mais M. Dibdin, qui connaît aussi les *Plaideurs*,
se contente de remonter jusqu'au Bas-Empire, car il prend à
Gibbon le commencement du titre de son ouvrage.

[2] Je laisse ce mot tel qu'il est créé par le savant Anglais,
parce qu'il peut être agréable à ceux qui se font un bonheur
d'employer des mots dérivés du grec. Celui-ci semble signifier
la liaison solide des livres.

cômparaison avec leurs Desseuil, Pasdeloup, De-
lorme et Derome, etc., aussi bien pour le goût que
pour la perfection des ornemens; et si vous voulez
remonter trois siècles plus haut dans l'histoire de
l'art, qui pouvons-nous mettre en parallèle avec
Gascon, que l'on croit avoir été le relieur des livres
de Grolier, et même peut-être de plusieurs de ceux
qui ont appartenu à Henri II et à Diane de Poitiers?

    [M. Lesné, poète moderne et relieur, dont la Muse a
    été citée plus haut, page 38, s'est plu à imiter le
    passage si connu de Boileau sur Malherbe, en par-
    lant de Gascon :

        Gascon parut alors, et des premiers en France
        Sut mettre en sa reliure une noble élégance.

                              (p. 26.)

    A la page 112, il ajoute cette note : « Je pense que
    c'est cet ouvrier qui relia une partie de la biblio-
    thèque de Henri II et de celle de Grolier, qui se
    plaisait à le diriger dans la bonne confection de ces
    reliures, et des compartimens ingénieux qu'il y fai-
    sait exécuter. » Cette note cependant ne donne qu'une
    idée imparfaite de l'excellence des reliures en ques-
    tion. J'éprouve une véritable satisfaction de pouvoir
    trouver ailleurs une meilleure relation. Je vais con-
    tinuer ici la citation des chants poétiques de Lesné
    avec ses notes, qui concernent les autres anciens
    relieurs de la France que j'ai nommés ci-dessus. [1]

---

  [1] Quoique l'ouvrage de M. Lesné ne forme qu'un petit volume *in*-8°, qu'il n'est pas coûteux de se procurer, et dont on

Une solidité que Deseuil imita,
Et que de surpasser personne ne tenta.
Pasdeloup le suivit, puis le fameux Derome;
Pasdeloup si connu, que partout on renomme,
Et dont l'ouvrage encore aujourd'hui si vanté,
Par les grands amateurs sera toujours cité.

« Deseuil fut celui qui, après Gascon, ajouta beaucoup à la solidité de la reliure et à son embellissement. Il mettait assez ordinairement à ses reliures soignées des gardes en maroquin de la même couleur que celui qui couvrait le livre ; et à l'élasticité près, ses reliures valaient bien nos belles reliures modernes.

« Pasdeloup et Derome étaient contemporains. Ils

ne peut pas regretter la dépense, je retranche peu de choses aux longues citations de M. Dibdin, parce que le poëme de M. Lesné ne me parait pas une production *ridicule*, comme je l'ai entendu dire. Le style et la poésie de l'auteur n'ont pas une grande élévation sans doute, mais ils sont presque toujours appropriés au sujet. S'il blesse quelquefois les règles de l'art poétique, on ne peut pas du moins lui adresser le reproche que notre grand maitre fait au rimeur *aux abois*,

Qui, follement pompeux, dans sa verve indiscrète,
A propos de nervure entonne la trompette.

Il était impossible à l'auteur d'éviter l'emploi d'une foule de mots propres, mais très peu poétiques, lorsqu'il décrit la partie technique; mais cet ouvrage, dans les notes surtout, n'en est pas moins instructif, curieux et utile aux amateurs de belles et bonnes reliures, qui certainement y trouveront beaucoup de choses qu'ils ignorent. Il est fâcheux seulement que M. Lesné n'ait pas mieux soigné l'impression, qui, pour un livre de ce genre, méritait bien cette *bonne* fabrication dont ce relieur parait faire ses délices.

travaillaient très solidement et très élégamment dans le goût de leur temps. On cite encore souvent leurs ouvrages dans les ventes publiques, et on les citera probablement encore long - temps ; car les livres qu'ils ont établis semblent l'être pour durer des siècles. Aussi le rédacteur de la Notice sur Gouttard s'explique ainsi : « Les livres décrits dans ce Cata- « logue sont en partie reliés par le célèbre Derome, « le phénix des relieurs. » Mais je ne puis me dispenser de dire un mot ici sur l'admiration que l'on a pour les ouvrages de ces célèbres anciens. Quand les amateurs rencontrent des livres reliés par ces mains savantes, ils s'extasient et disent : *On ne travaille plus comme cela.* Non sans doute on ne travaille plus comme cela. Eh ! pourquoi ? parce que les amateurs eux-mêmes ne veulent plus que l'on travaille ainsi. Ils ne veulent pas prendre la peine de tenir leur livre en lisant. Il leur faut des livres à dos brisés, des livres qui se tiennent ouverts sur la table. Peu de relieurs ont trouvé le moyen de réunir la solidité à cette élasticité tant estimée aujourd'hui : les Courteval, Bozérian, Lefèvre, Simier, Thouvenin, et un très petit nombre avec eux, ont assez bien réuni ces deux extrêmes ; mais le plus grand nombre ne s'attache qu'à l'embellissement souvent malentendu, et à donner de l'ouverture à leurs livres. De là est venue la mode presque universelle des reliures à la grecque, méthode pernicieuse, qui gâte presque autant de livres qu'on en relie. »]

Le restaurateur, ou le père (si vous préférez cette dernière expression) de la *reliure moderne* en France, fut Bozérian l'aîné. Les amateurs de Paris sont enthousiastes fous des livres qu'il a reliés. Lord Spencer possède, dans un *Polybe* latin de 1473, imprimé par Sweynhem et Pannartz, l'un des plus magnifiques *specimen* du faire de Bozérian ; mais, de bonne foi, je crois que ce même amateur distingué se déferait très volontiers de ce volume, s'il pouvait en acquérir un autre exemplaire de dimension égale, d'une aussi bonne condition, mais relié dans le goût le plus parfait de l'école anglaise. Bozérian avait son mérite, sans contredit ; mais il se complaisait beaucoup trop dans l'emploi des outils de dorure.

[M. Lesné a mis beaucoup de chaleur dans la description du caractère de la reliure propre à Bozérian. Dans le vers

Il dit, et secouant le joug de la manie....

tiré de la citation ci-après, il semble avoir voulu rivaliser avec les chants de la Muse épique. Il rappelle, en effet, une scène d'Homère qui s'offre à notre souvenir ; celle d'Achille ' qui se précipite au combat après avoir harangué ses chevaux :

Ἦρα, καὶ ἐν πρώϑοις ἰάχων ἔχε μώνυχας ἴππυς.

' *Achille* en fit autant. On ne s'attendait guère
De voir *Achille* en cette affaire.
                                LA FONTAINE, *liv.* X, *Fab.* III.

Mais c'est lui-même qui va parler, soit en vers, soit
en prose :

Les amateurs, outrés de tant d'insouciance,
Firent relier long-temps leurs livres hors de France;
Et chez nous ce bel art retombait au néant,
Alors que s'établit le fameux Bozérian :
Cet artiste amateur détruisit la folie
De regarder l'Anglais avec idolâtrie.
Eh quoi! se disait-il exprimant ses regrets,
Nous n'avons jusqu'ici que singé les Anglais!
Dans la reliure encor nous sommes leurs émules!
Ne quitterons-nous pas nos gothiques formules!
Verra-t-on les Français, pouvant les surpasser,
Demeurer en chemin sans oser avancer?
Il dit, et secouant le joug de la manie,
Asservissant dès lors son art à son génie,
Il lui sut adapter des procédés nouveaux,
Et l'amateur français oublia nos rivaux.
Oui, Bozérian l'aîné seul osa les combattre;
Son frère, en l'imitant, sut presque les abattre;
Et, marchant sur ses pas, Lefèvre, son neveu,
Entre les deux parens tient un juste milieu;
Au gré des amateurs il est simple, il est riche.
Tous les trois ont très peu laissé de terre en friche;
Tous trois seraient long-temps demeurés sans rival,
S'il n'était survenu le soigneux Courteval.

« C'en était fait de l'art, si Bozérian l'aîné n'eût
ramené le bon goût en France. Dès qu'il fut connu,
les amateurs cessèrent de faire relier leurs livres en
Angleterre. Peu à peu sa méthode s'est répandue ;
peu de relieurs cependant adoptèrent d'abord ses
principes. Il n'y en a même encore que très peu qui
les suivent ponctuellement. Courteval, qui s'établit
presque dans le même temps, fut celui qui les sut
le mieux apprécier; il n'y a même pas de doute qu'il

s'en est fait qu'il serait précieux de connaître. Ce
qu'il y a de certain, c'est que très peu d'ouvriers
ont su réunir comme lui la solidité, l'élégance, la
grâce, la justesse que l'on trouve presque toujours
dans ses ouvrages. Il est bien rare d'y trouver quelques défauts essentiels. On voit que cet artiste n'existe
que pour son art. »]

Bozérian prodigue trop de chétifs ornemens qui
de plus, parfois, sont employés sans art. Le choix
de son maroquin ne satisfait pas toujours mon goût;
ses mors ne sont pas mesurés avec exactitude; ils ne
peuvent jouer facilement, et ses intérieurs sont souvent ornés à l'excès. Il passe néanmoins pour être le
restaurateur légitime de ce goût en reliure qui a fait
les délices des acheteurs, dans ce temps qu'on peut
nommer le siècle d'Auguste pour les belles collections
de livres. On ne peut lui refuser un mérite. Ses car-
tons sont ordinairement d'équerre et bien mesurés.
Les volumes s'ouvrent bien, et sont battus.... im-
pitoyablement. Chez les relieurs Français, c'est une
erreur dominante; ils pensent qu'un livre ne peut
jamais être assez battu. Ils exercent sur les feuillets
une tyrannie aussi dure que celle d'un despote de
l'Orient sur un esclave courbé à ses pieds. Voyez un
peu les reliures de ces volumes que j'ai décrits plus
haut [Lettre xxviii, p. 311—318] dans les salles du
rez-de-chaussée de la Bibliohéque royale; et apprenez
par là que le craquement des feuillets d'un livre

qu'il parcourt, donne autant de bonheur à un amateur, qu'à une tendre mère le petit babil de son
premier né.

THOUVENIN et SIMIER sont maintenant les deux
étoiles du matin et du soir dans l'hémisphère biblio-
pègistique.

[Ces deux relieurs et Bozérian le jeune sont célébrés
par la Muse de Lesné. Mais il donne d'abord de
grands éloges à Courteval qui, semblable à un magi-
cien, aime à travailler seul. Les termes dans lesquels
sont conçus la note sur Thouvenin exciteront plus
qu'un simple sourire. [1]

> S'il n'était survenu le soigneux Courteval.
> Sur son genre aujourd'hui c'est en vain qu'on murmure,
> Courteval épura le goût de la reliure ;
> Ses ouvrages seront recherchés en tout temps
> Des fameux amateurs, des riches et des grands ;
> Long-temps ils en feront leurs plus chères délices.
> Mais des grands ouvriers admirez les caprices ;
> Courteval de son art se montre si jaloux,
> Qu'au dire des relieurs c'est le plus grand des fous.
> Il travaille tout seul, et de peur de mal faire,
> Prend très peu d'ouvriers et jamais d'ouvrière,
> Par la difficulté de les bien mettre au fait,
> Et pour être par là plus sûr de ce qu'il fait.

[1] Il me semble que M. Dibdin n'a rien à revendiquer au
relieur Lesné qui, seulement dans une note, et parce qu'il est
poète, emprunte une figure un peu ambitieuse pour exprimer
l'admiration que lui cause le talent de Thouvenin ; tandis qu'à
tout propos, à chaque page de l'auteur anglais, qui veut bien
écrire en prose, vous rencontrez de ces comparaisons forcées,
de ces figures outrées, dont son article sur la reliure offre
assez d'exemples.

Simier parut alors, et cet habile artiste
Des ouvriers fameux semblait fermer la liste;
On eût dit que jamais nul relieur l'eût atteint,
Quand pour l'honneur de l'art s'établit Thouvenin.

. . . .

(pages 27 et suiv.)

« Ce n'est, pour l'ordinaire, que progressivement qu'un ouvrier parvient à se faire un nom. En faisant de mieux en mieux, il acquiert de la célébrité. Thouvenin, au contraire, est devenu célèbre en s'établissant; ses premiers ouvrages valaient presque ceux qu'il fait aujourd'hui. Élève de Bozérian le jeune, les amateurs distingués lui confièrent des livres précieux; il ne trompa pas leur attente, et Thouvenin fait autant d'honneur à Bozérian que ses propres ouvrages lui en font à lui-même. Mais l'on ne peut se dissimuler que si les Bozérian n'eussent ouvert le chemin, les bons ouvriers, tant renommés aujourd'hui, n'existeraient probablement pas.

« Cependant Thouvenin est un de ces hommes extraordinaires qui, semblables à ces *corps lumineux* que l'on est convenu d'appeler *comètes*, paraissent une fois en un siècle. Si, plus ambitieux de gloire que de fortune, il continue à se surveiller; si, moins ouvrier qu'artiste, il s'occupe sans relâche du perfectionnement de la reliure, il fera époque dans son art, comme ces grands hommes que nous admirons font époque dans la littérature. » Page 117.]

L'étoile de Thouvenin décrit dans les cieux un cercle plus élevé; mais celle de Simier brille d'un éclat assez vif. Leurs ouvrages sont bons, solides,

5

et presque dans le même goût pour l'élégance. Le *Psautier in-folio* de 1502 (je crois) qui est à la Bibliothéque royale, est considéré comme le *nec plus ultrà* de la reliure moderne à Paris; et si je ne me trompe pas, c'est dans les réchauds ardens de l'artiste Thouvenin que les fers imprimés sur cet échantillon ont été chauffés. Je n'hésite point à dire que c'est une faute de le considérer comme un *specimen* extraordinaire. Les ornemens en sont communs; l'intérieur est décidément mauvais, et l'ensemble de l'exécution manque de grâce. Les extrémités sont, comme celles de Bozérian, ajustées sans goût, et je puis dire que le tout est manifestement inférieur même aux ouvrages de Mackinlay, Héring, Clarke et Fairbairn. Il n'est aucun de ces artistes en effet qui ne puisse l'éclipser, et de beaucoup. J'apprends que Thouvenin garde les livres qu'on lui donne à relier aussi long-temps que certains de nos relieurs, qu'à ce moment même je ne veux pas nommer. A ce sujet, Charles Lewis sourirait complaisamment, si vous lui faisiez entendre le mot de rivalité pour l'exécution de pareil ouvrage. Il y a un relieur du nom de Lesné, maintenant occupé, comme je viens de l'apprendre, d'un poëme sur son art, et qui passe également pour un artiste assez habile. Quelques uns disent cependant qu'il *écrit* mieux qu'il ne *relie*, ce qui est d'autant plus fâcheux pour sa petite famille, s'il est marié.

[Ce poëme a paru en 1820, sous le titre suivant : *La Reliure*, *poëme didactique en six chants, précédé d'une idée analytique de cet art; suivi de notes historiques et critiques, et d'un Mémoire soumis à la Société d'Encouragement, ainsi qu'au Jury d'exposition de 1819, relatif à des moyens de perfectionnement propres à retarder le renouvellement des reliures.* Paris, 1820, *in-8°* de 246 pages. L'épigraphe choisie par l'auteur est assez heureuse :

Hâtez-vous lentement, et, sans perdre courage,
Vingt fois sur le métier remettez votre ouvrage ;
Polissez-le sans cesse et le repolissez.
BOILEAU. *Art poët.* Ch. x.

Cette production curieuse est dédiée « *à son fils,* son premier ouvrier, âgé de dix-sept ans, et aussi instruit dans son état, à cette première période de sa vie, que l'était son père à l'âge de vingt-sept ans. » La Dédicace est suivie d'une Préface et d'un Avertissement ou *Idée analytique de la Reliure.* Dans la Préface, l'auteur demande qu'on ne fasse pas de son livre une critique sévère et précipitée. « Il n'est lui-même qu'un relieur; et que peut-on attendre d'une Muse ainsi cultivée? » Il doute qu'on le lise en entier [1]; mais son objet et son but ont été de fixer, sur

---

[1] Je serais fâché d'avoir été l'interprète aussi infidèle des expressions de M. Dibdin, qu'il l'est lui-même à l'égard de M. Lesné : car le bibliographe anglais énonce d'une manière générale, en traduisant, que *l'auteur doute qu'on lise son ouvrage jusqu'au bout,* tandis que cette supposition n'est faite que pour le cas où il aurait décrit jusqu'au moindre procédé de son art. Je juge par là qu'il est très facile de commettre des

une base solide, les principes fondamentaux de son art. Ce sujet, décrit dans le Dictionnaire des Arts et Métiers de l'Académie française [1], est aussi incomplet qu'inexact. L'auteur désire que tous les arts soient décrits par les artistes qui les cultivent eux-mêmes, parce que le lecteur gagnerait en connaissances ce qu'il perdrait sous le rapport du style. « Je répète ici (dit-il) ce que j'ai dit ailleurs en mauvais vers. Il y a des amateurs qui se connaissent mieux en reliures, même que de certains bons ouvriers; mais il en est aussi, d'un goût bizarre, qui sont plutôt capables d'égarer un ouvrier peu instruit que de le mettre sur la bonne route. » Dans l'Épître en vers qui termine la Préface, il dit qu'il a presque entièrement mis en pratique le précepte d'Horace, son poëme lui ayant coûté huit ans de travail assidu. Son début, avec les autres extraits que j'ai rapportés, suffiront probablement au lecteur pour juger du mérite et du caractère de cette production.

erreurs dans une traduction, et je m'empresse de réclamer l'indulgence des lecteurs si je n'ai pas toujours saisi la *finesse* des pensées de M. Dibdin : elles sont quelquefois d'une telle subtilité, qu'elles ne peuvent se révéler qu'à une intelligence supérieure.

[1] L'Académie française, qui s'occupe exclusivement des belles-lettres, n'a pas donné de *Dictionnaire des Arts et Métiers*. Ce sont des *descriptions* qui ont été faites ou approuvées par les membres de l'Académie des Sciences. Cette erreur ne provient pas de M. Dibdin qui a traduit la note telle qu'elle se trouve dans l'ouvrage de M. Lesné.

Je célèbre mon art : je dirai dans mes vers
Combien il éprouva de changemens divers ;
Je dirai ce que fut cet art en sa naissance ;
Je dirai ses progrès; et de sa décadence
Je nommerai sans fard les ineptes auteurs.
Oui, je vais dérouler aux yeux des amateurs
Des mauvais procédés la déplorable liste;
Je nommerai.le bon et le mauvais artiste;
Je chanterai les noms de ces hommes fameux
Qui seront révérés de nos derniers neveux.
Je vais, en m'éloignant de la route vulgaire,
Dire comment on peut parvenir à bien faire ;
Comment on dresse un livre à l'équerre, au niveau,
Et de mon art enfin décrire le vrai beau.
Filles de Mnémosyne, et vous, sage Minerve,
Présidez à mes chants et soutenez ma verve.
Je dois vous l'avouer ; ma voix , ma faible voix
Est peu propre à chanter les héros et les rois.

. . . .

On m'excusera cependant de citer encore un passage qui a rapport à la partie technique de la reliure, et de montrer par là comment la Muse de M. Lesné a surmonté les difficultés que lui présentait la description de cette partie si importante de la reliure, la dorure sur tranche.

La dorure sur tranche exige peu d'apprêts ;
L'assiette à coucher l'or peut être très légère.
Un seul blanc d'œuf, battu dans deux verres d'eau claire,
Peut suffire à coucher cent tranches, même plus ;
Et le bol d'Arménie à présent ne sert plus.
Jadis on employait le savon, la sanguine,
Joints au sucre candi, le sang de bœuf, l'urine,
Cent drogues qui vraiment ne signifiaient rien,
Et rarement encore on réussissait bien :
L'or souvent s'en allait par petites parcelles.
Les tranches maintenant restent plus long-temps belles.

. . . .

Il est pourtant vrai que des amateurs judicieux et impartiaux, avec lesquels je me suis entretenu, paraissent aussi penser que l'art de la reliure en France, dans son état actuel, s'il ne rétrograde pas, est au moins stationnaire, et ne paraît pas pouvoir atteindre au plus haut degré de perfection. C'est ce que je n'admets pas ; car on peut faire encore ce que l'on a fait autrefois, et une *grande conjuration* n'est pas même nécessaire pour aller plus loin. Un bruit assez étrange est venu jusqu'à moi[1] ; on dit que Charles Lewis doit nous quitter pendant quelque temps, pour établir une ÉCOLE DE RELIURE, d'après les principes du goût anglais ; mais ce projet est sûrement chimérique, car il ne pourrait jamais être mis à exécution ; ou, si on le tentait, son existence serait de courte durée. Que Thouvenin et Simier, et le *poète* lui-même examinent avec soin le choix des instrumens et la manière de dorer, dont nos plus célèbres relieurs font usage, et ils ne doivent pas désespérer de rivaliser avec eux ; qu'ils s'appliquent surtout à la bonne disposition des dos de leurs livres, ainsi que des nervures et des extrémités de tête et queue. Ces dernières sont généralement lourdes et

---

[1] On ne pourrait pas s'étonner, je pense, que M. Dibdin ait eu l'intention d'emprunter le vers d'Achille à Agamemnon, dans Racine, à propos du relieur anglais. Que cette phrase appartienne ou non au génie de M. Dibdin, je traduis ainsi exactement les expressions et la tournure mystérieuse de l'anglais : *Something, like a whisper, has reached me.*

sans élégance; qu'ils se défassent de la manière de
trop serrer et de trop battre les livres (j'emploie les
mots techniques que vous comprenez aussi-bien
qu'aucun relieur français ou anglais); que leurs
couvertures soient bien d'équerre, les nervures dé-
licates, et l'âge d'or de la reliure en France ne tar-
dera pas à renaître.

Il est bien temps, ce me semble, de changer de
sujet, et de vous transmettre des détails qui se rap-
portent plus intimement à des hommes de savoir et
de goût; mais la longueur de ma Lettre m'avertit
assez que je dois réserver ce sujet important pour
une dépêche séparée. Ainsi, pour le moment,
adieu. ¹

¹ J'ai fait peu d'observations sur la dernière partie de cette
Lettre qui est relative aux relieurs. A part la bizarrerie des
idées de l'auteur, aussi singulières que son style, on ne peut
lui reprocher aucune des irrévérences que j'ai signalées plus
haut. Les opinions de M. Dibdin sur une branche quelconque
de la bibliographie n'appartiennent pas à la censure. Leur développement au contraire est instructif, et intéresse le lecteur.
C'est toujours dans cet esprit, ce me semble, que M. Dibdin
devrait écrire sur la bibliographie. Personne alors ne s'aviserait de le blâmer.

FIN DE LA LETTRE TRENTIÈME.

www.ingramcontent.com/pod-product-compliance
Lightning Source LLC
Chambersburg PA
CBHW070809260626
47161CB00006B/2213